Köln gestern und heute

Stadtansicht von Matthäus Merian, 1646

»Das große heilge Köln« blickt auf eine mehr als 2000-jährige Geschichte zurück. Nach 50 v. Chr. siedelten sich die den Römern tributpflichtigen Ubier unter ihrem römischen Feldherrn Agrippa am Rhein an und gründeten das Oppidum Ubiorum. Hier wurde um 15 n. Chr. Agrippina die Jüngere geboren, die als die spätere Gattin des Kaisers Claudius durchsetzte, dass ihrem Geburtsort das Stadtrecht verliehen wurde und er fortan den Namen Colonia Claudia Ara Agrippinensium tragen durfte. Die Stadt, kurz Agrippina genannt, wurde zur Hauptstadt der Provinz Niedergermanien und fungierte nicht nur als wichtiger Grenzort zu den germanischen Gegenden westlich des Rheins, sondern auch als wichtiger Warenumschlagplatz. Die Stadtmauer umschloss etwa einen Quadratkilometer Fläche. Neben der Vielzahl römischer Götter gelangte auch das Christentum in die Stadt, wurde aber zunächst blutig bekämpft. Ein erster Bischof, Maternus, wurde im Jahr 313 erwähnt. Aber das römische Imperium bröckelte, und so gab es an dem weit von Rom entfernt liegenden Außenposten Agrippina kei-

Alter Markt, 1750

Vom 10. Jahrhundert bis 1803 existierte das **Kurfürstentum Köln**, Kurköln genannt, das das größte geistliche der insgesamt sieben Kurfürstentümer war. In der »Goldenen Bulle« (1356) wurden, um Spaltungen und Missverständnissen vorzubeugen, u. a. die Bestimmungen festgelegt, welche Erzämter jeder Kurfürst haben sollte. Dem Kölner Kurfürsten, der vom Domkapitel gewählt wurde, kam das ehrenvolle Amt des Erzkanzlers für Italien zu. Die Kurfürsten wählten in Frankfurt am Main den römisch-deutschen König, der dann in Aachen gekrönt und in Rom vom Papst zum Kaiser gesalbt wurde.

ne Chance, die herandrängenden fränkischen Germanen davon abzuhalten, im 4. und endgültig im 5. Jahrhundert die Stadt zu besetzen.

Die fränkischen Könige wählten Colonia, wie sie es nannten, zu ihrer Residenzstadt. Es folgten die Bruderkriege der Merowinger gegen die Karolinger, deren bedeutendster, Karl der Große, nicht nur das gesamte Frankenreich einigen konnte, sondern 800 zu dessen Kaiser gekrönt wurde. Sein Reich erstreckte sich von Lüttich bis Bremen, und Köln lag so wunderbar in der Mitte, dass es sich bald zu einem bedeutenden wirtschaftlichen und geistigen Zentrum entwickelte. Um 795 wurde Köln von Karl zum Erzbistum erhoben und Hildebold dessen erster Erzbischof. Die Rechte der Erzbischöfe waren nicht nur geistlicher Natur, sondern auch weltlicher – sie waren die Stadtherren Kölns, dem Papst Leo IX. 1052 den Titel »Sancta Colonia«, heilige Stadt, verlieh.

Nachdem Erzbischof Rainald von Dassel Kaiser Friedrich I. bei der Eroberung Mailands unterstützt und die als Dank empfangenen Reliquien der Heiligen Drei Könige 1164 nach Köln gebracht hatte, wurde die Stadt zu einem der wichtigsten Wallfahrtsorte nördlich der Alpen. Dies wiederum beförderte den Bau neuer Kirchen enorm. Noch heute prägen zwölf großartige romanische Sakralbauten das Stadtbild. Aber auch in dem aus Frankreich kommenden neuen Stil wurde gebaut, der Gotik. 1248 begann man mit dem Bau eines neuen gotischen Doms. Zur gleichen Zeit maß die Befestigungsmauer um die erweiterte Stadt bereits 7,5 Kilometer.

Das 1259 von Erzbischof Konrad von Hochstaden verliehene Stapelrecht, das durchziehende Kaufleute zwang, ihre Waren in Köln nicht nur Kölner Qualitätskontrollen zu unterziehen, sondern sie auch für eine bestimmte Frist zu den dort üblichen Preisen zum Verkauf anzubieten, ein massiver Eingriff in den freien Fernhandel, ließ die Wirtschaft der Stadt erblühen. Köln wurde ein geachtetes Mitglied der Hanse. Mächtige Patriziergeschlechter wie die Familien Raitze, Jude, Overstolz oder Lyskirchen kamen dank des Fernhandels zu Reichtum und Macht. Sie vereinigten sich in der Richerzeche und dem Schöffenstuhl, stellten den Rat und an seiner Spitze den Bürgermeister. Damit errangen die Bürger der Stadt ein so großes Selbstbewusstsein, dass sie die Macht der Erzbischöfe immer mehr als lästig empfanden. Nachdem sie in der Schlacht bei Worringen (1288) den Herzog von Brabant unterstützt und so dem Erzbischof Siegfried von Westerburg eine Niederlage beigebracht hatten, erwirkten sie beim Kaiser den Status einer Freien Reichs-

Rheinufer und Groß St. Martin, 1840

Ansicht mit Bayenturm, 1792

stadt (der allerdings erst zweihundert Jahre später rechtlich durchgesetzt wurde). Mittlerweile aber erhoben sich die Zünfte der Handwerker, die von der Herrschaft über die Stadt ausgeschlossen waren. Zunächst wurde der Kampf gegen die Patrizier von den Webern ausgetragen, war aber erfolglos. Erst der Zusammenschluss der Patrizier und der Zünfte zu 22 Gaffeln führte 1396 zu einer Art Friedensschluss, dem Verbundbrief, den Kaiser und Papst sich teuer bezahlen ließen. Von nun an wurden die Ratsherren aus den Gaffeln gewählt. Das kann man natürlich als erste Anzeichen von Demokratie deuten, aber man muss bedenken, dass die Anzahl der wahlberechtigten Bürger oft bei gerade einem Prozent der männlichen Bevölkerung lag.

1388 wurde die Universität gegründet. Die Reformation zeitigte keine größeren Auswirkungen, wenngleich es auch in Köln Anhänger gab. Die Stadt nahm zwar hugenottische Flüchtlinge auf, richtete aber protestantische »Ketzer« öffentlich hin und verbrannte lutherische Schriften. Die Ansiedlung der Jesuiten garantierte den Status quo – Köln blieb katholisch. Aber im Laufe des 16. Jahrhunderts erfolgte der Niedergang der Stadt in die wirtschaftliche Bedeutungslosigkeit, deren wichtigstes Fanal die Einstellung der Bauarbeiten am Dom war. Vom

Dreißigjährigen Krieg (1618–1648) profitierte kaum eine deutsche Stadt so sehr wie das neutrale und mit allen Seiten Handel treibende Köln. Reformbestrebungen gab es zwar, doch z. B. die alten Zunftstrukturen verhinderten eine Öffnung.

Erst der Einzug der Franzosen 1794 und die Aufhebung des beinahe vierhundert Jahre alten Verbundbriefes beendeten in Köln das Mittelalter. Nun wurde die hoffnungslos veraltete Universität geschlossen. Die Zunftregeln wurden aufgehoben, die Protestanten erhielten 1797 das Bürgerrecht, 1798 wurde jeglicher kirchliche Besitz säkularisiert. Köln bekam eine Straßenbeleuchtung, französische Straßennamen mit numerierten Häusern und eine Straßenreinigung. Mit der Einführung des Code Civil 1804 trat die Stadt in die Moderne ein. Dennoch erregte es großes Missfallen unter der katholischen Bevölkerung Kölns, als sie auf dem Wiener Kongress 1815 Preußen zugeschlagen wurde. Für Preußen waren die geografische Lage am Rhein und die Infrastruktur ein Geschenk des Himmels, musste es sich doch selbst vom Agrarstaat zu einer modernen Wirtschaftsmacht reformieren. Dessen knöcherner Protestantismus erregte bei den sinnesfrohen Kölner Katholiken nur Kopfschütteln. Dennoch konnten sich Köln und mit ihm die preußi-

Dostojewski in Köln

Welch ein Glück, dass man heute keine Brückenzölle mehr zahlen muss, wenn man den Rhein überqueren will. Dem Schriftsteller Fjodor Dostojewski (1821–1881) geschah dies 1865 auf einer Reise durch Westeuropa, wo er in Köln auf einen recht grimmigen Beamten stieß. Dieser ermahnte ihn barsch, als »fordere er eine Strafzahlung für ein von mir unbewusst begangenes Verbrechen«. Den Dom lobte Dostojewski erst auf den zweiten Blick, beim ersten Besuch war er enttäuscht: »Er kam mir wie ein Galanteriegegenstand vor, der nur aus Spitzen und Spitzen und nichts als Spitzen bestand.«

Kölner Dom, 1792

Pontonbrücke, um 1890

Konrad Adenauer
1876–1967, Politiker. In Köln geboren, studierte er nach einer Banklehre Jura und trat 1906 der katholischen Zentrumspartei bei. Als Beigeordneter war er während des Ersten Weltkrieges für die Lebensmittelversorgung der Stadt zuständig. Dabei erfand er die »Kölner Wurst«, ein Ersatzprodukt aus Sojamehl. 1917 wurde er zum jüngsten Oberbürgermeister Kölns gewählt. Er verlor dieses Amt am 17. Juli 1933. Nach 1945 erneut Oberbürgermeister, trat er der CDP bei, der Vorgängerorganisation der CDU. Nach einer Zeit als Vorsitzender der CDU-Bundestagsfraktion wurde Adenauer 1949 der erste Bundeskanzler der BRD.

sche Rheinprovinz eine fortschrittliche Justizreform geben, die zähneknirschend von Berlin anerkannt werden musste. Dass es unter König Friedrich Wilhelm IV. 1842 zum Weiterbau des Doms kam, hat die Kölner vielleicht ein wenig getröstet.

Im 19. Jahrhundert expandierte die Wirtschaft wie überall im Reich, in den 1880er Jahren wurden die alten Stadtmauern abgerissen, erste Eingriffe in die mittelalterliche Stadtstruktur erfolgten. In Köln siedelten sich bedeutende Wirtschaftsunternehmen an, und es gelang, die Stadt zu einem wichtigen Verkehrsknotenpunkt im Eisenbahnnetz zu machen. Nach dem Ersten Weltkrieg, den Köln unbeschädigt überstand, ließ Oberbürgermeister **Konrad Adenauer** die Universität neu gründen und machte Köln zum Messestandort.

Im Zweiten Weltkrieg wurde die Stadt wegen ihrer Industrie zum Ziel und als Kreuzungspunkt vieler alliierter Flugrouten zur Deponie für überzählige Bomben auf den Hin- und Rückflügen. 262 Mal wurde sie bombardiert, wobei der Tausend-Bomben-Angriff im Mai 1942 der verheerendste war. Als die US-amerikanischen Streitkräfte am 5. März 1945 Köln erreichten, fanden sie nur noch eine verkohlte Geisterstadt mit wenigen Menschen und vielen Ratten vor.

Aber der Wiederaufbau schritt zügig voran, es galt Tausende neue Wohnungen zu bauen, die historische Substanz zu erhalten, wo es möglich war, und die Industrie wiederzubeleben. Bereits am 10. Oktober 1945 spielte das berühmte Millowitsch-Theater wieder, und zwei Monate später wurde die Universität wiedereröffnet. Verhängnisvolle Bausünden wie die Rollbahn der Nord-Süd-Fahrt, quer durch die Innenstadt und alte Wohnviertel, waren dem Ideal der autogerechten Stadt geschuldet, wurden aber erst später zu überdimensionierten Verkehrsschneisen. In den 1950er Jahren wurde Köln mit der Gründung des Studios für elektronische Musik beim WDR zu einer Hochburg der elektronischen Musik; in den 1970er Jahren erfolgte eine Aufsehen erregende Museumseröffnung nach der anderen. 1980 besuchte Johannes Paul II. als erster Papst überhaupt den Kölner Dom, der seit 2013 zudem über eine Blutreliquie (ein Läppchen mit einem Blutstropfen) von Johannes Paul II. verfügt. Zum Weltjugendtag 2005 kam Papst Benedikt XVI. in den Dom.

Heute ist Köln eine lebendige moderne Großstadt, Kunst- und Museumsmetropole, die jährlich Millionen Touristen anzieht und in der auf 405 Quadratkilometern bald 1,1 Millionen Menschen leben.

Altstadt, 1945

1. Spaziergang

1 | Hauptbahnhof

Touristeninformation (Kardinal-Höffner-Platz 1)
Mo–Sa 9–18 Uhr, www.koelntourismus.de

Mit über 1300 Zügen am Tag ist der Kölner Hauptbahnhof einer der bedeutendsten Verkehrsknotenpunkte Deutschlands und ein fester Bestandteil des Stadtbildes. Im Zuge der rasant fortschreitenden Industrialisierung reichten die kleineren Bahnhöfe außerhalb der Stadtmauern nicht mehr aus. Daher wurde 1859 an der Nordseite des Doms der Centralbahnhof errichtet, der aber auch bald zu klein wurde. Ab 1894 baute man ein neues backsteinernes Empfangsgebäude mit angefügtem Turm sowie eine mächtige dreigliedrige Bahnsteighalle, die nach dem Vorbild des Londoner Bahnhofs St. Pancras mit einer kühnen Stahlkonstruktion 255 Meter Länge, 65 Meter Breite und 24 Meter Höhe überspannte. Vier Bombenangriffe fügten dem Hauptbahnhof empfindliche Schäden zu. Erst in den 1950er Jahren wurde nach dem Abriss des Empfangsgebäudes die neue Eingangshalle mit der 800 Quadratmeter großen Glasfront erbaut.

2 | Domplatte

Über eine Freitreppe gelangt man hinauf zur vom Wind umbrausten Domplatte, einem der beliebtesten Treffpunkte in Köln. Sie wurde in den 1970er Jahren nach Plänen von Fritz Schaller angelegt. Die mit mehrfarbigem Granit bedeckte Plattform umgibt den gesamten Dom. An der Nordwestecke der Domplatte erinnert das im 2. Jahrhundert errichtete Nordtor an die römische Stadtmauer, die hier verlief und insgesamt über vier aufwendig gestaltete Torburgen verfügte. Die des Nordtores maß über 30 Meter in der Breite, ihre zentrale Durchfahrt über fünf Meter. Was heute zu sehen ist, diente einst als Pforte für die Fußgänger. Sie wurde um 1200 auch Porta clericorum genannt, Pfaffenpforte. Der dazugehörige rekonstruierte Straßenbogen befindet sich im Römisch-Germanischen Museum (siehe Nr. 32), weitere ausgegrabene Teile der römischen Stadtmauer kann man in der Tiefgarage unter der Domplatte besichtigen (Eingang unterhalb des Nordtores).

Vor dem Dom sieht man sich der über neun Meter hohen Kopie einer der die beiden Türme abschließenden Kreuzblumen des Doms gegenüber sowie dem 1953 von Ewald Mataré geschaffenen Taubenbrunnen.

Heinrich Heine und Köln
Der Dichter und Publizist Heinrich Heine (1797–1856) machte mehrmals in Köln Station. Eine der schönsten Liebeserklärungen an die Stadt stammt von ihm, erschienen im »Buch der Lieder« (1827), in dem es heißt: »Im Rhein, im schönen Strome,/ Da spiegelt sich in den Welln,/ Mit seinem großen Dome,/ Das große, heilge Köln.« 1844 jedoch, in seinem satirischen Versepos »Deutschland. Ein Wintermärchen« urteilte er wesentlich schärfer und verbitterter über den Dom: »In diesem Riesenkerker wird/ Die deutsche Vernunft verschmachten«.

3 | Hohe Domkirche St. Petrus

6–20 Uhr

Der von der UNESCO als eines der größten Meisterwerke hochgotischer Architektur 1996 zum Weltkulturerbe erklärte Dom ist Sitz eines der bedeutendsten Bistümer Deutschlands und für Katholiken aus aller Welt eine Wallfahrtsstätte. Mit seinen beiden Türmen gehört er als Wahrzeichen zur Silhouette von Köln. Er ist die zweithöchste Kirche Deutschlands (nach dem Ulmer Münster) und das dritthöchste Gotteshaus auf der Welt. Außergewöhnlich macht ihn auch seine Bauzeit, denn von der Grundsteinlegung bis zur (einstweiligen) Vollendung vergingen mehr als 600 Jahre. »Wenn der Dom fertig ist, geht die Welt unter«, sagen die Kölner, und tatsächlich hat in den letzten Jahrhunderten kaum jemand den Dom ohne Baugerüste gesehen.

Um 800 wurde der »Alte Dom« errichtet und 870 geweiht. Die Überführung der unschätzbar wertvollen **Reliquien der Heiligen Drei Könige** 1164 nach Köln gab den Anlass, zunächst einen goldenen Reliquienschrein herzustellen und ab 1246 den Bau eines ganz neuen Gotteshauses, nämlich einer von französischen Vorbildern beeinflussten gotischen »vollkommenen Kathedrale« zu planen. 1248 erfolgte die Grundsteinlegung, 1322 fand die Chorweihe statt. In den folgenden Jahren gab es immer wieder Zeiten, in denen sehr rege am Dom gearbeitet wurde, und Jahre, in denen der Bau schleppender voranging. Noch konnte der Südturm bis zu einer Höhe von 58 Metern errichtet werden, aber er blieb mit seinem hölzernen Baukran ein Fragment. Als nach der Reformation der Ablasshandel nach und nach einschlief, fehlten die Gelder, sodass der Baubetrieb wahrscheinlich in den 1520er Jahren eingestellt wurde.

Im 17. und 18. Jahrhundert kam es zur Barockisierung u. a. durch den Meister der Ämteranhäufung, Erzbischof Clemens August von Bayern, der nebenher auch noch Fürstbischof von Paderborn, Münster, Osnabrück und Hildesheim war. Als französische Truppen 1794 in Köln einzogen, nutzten sie den Dom als Futter- und Gefangenenlager und raubten Teile der mittelalterlichen Ausstattung. Erst ab 1803 durften wieder Gottesdienste

Die **Reliquien der Heiligen Drei Könige**, Caspar, Balthasar und Melchior, wurden bereits von der Mutter des römischen Kaisers Konstantin I., Helena, aufgespürt. Über Konstantinopel gelangten sie nach Mailand, von wo aus sie der Kanzler von Kaiser Barbarossa, der Kölner Erzbischof Rainald von Dassel, 1164 in einem Triumphzug nach Köln brachte. Zusätzlich zu dem goldenen Reliquienschrein benötigten die Reliquien, die dem Bistum einen enormen Zuwachs an Pilgern und somit wirtschaftliche Macht brachten, eine neue Hülle – den Dom. Die Köpfe werden seit 1322 auf dem Häupterbrett des Schreins verwahrt und können nur am Dreikönigstag, dem 6. Januar, betrachtet werden.

gefeiert werden. Bis 1821 das Erzbistum Köln wiederbegründet wurde, blieb der Dom Pfarrkirche.

In dieser Phase äußerster Vernachlässigung erweckte er das Interesse national entflammter bzw. romantisch das Mittelalter preisender Künstler und Schriftsteller, so Georg Forster, Friedrich Schlegel und Joseph Görres. In erster Linie ist es jedoch **Sulpiz Boisserée** zu verdanken, dass der Dom in den Blick der Öffentlichkeit geriet. Nun übernahm der preußische Staat dringend notwendige Wiederherstellungsarbeiten. Der junge Architekt Ernst Friedrich Zwirner wurde 1833 zum Dombaumeister berufen und begann gemeinsam mit Karl Friedrich Schinkel, erste Pläne für einen Ausbau des Doms zu entwickeln. Aber erst als 1840 der »Romantiker auf dem Thron«, König Friedrich Wilhelm IV., den festen Willen bekundete, den Dom zu vollenden, gründete sich im Jahr darauf der Zentral-Dombau-Verein, und 1842 konnte der erste Stein zum Weiterbau gelegt werden. Eine 1864 ins Leben gerufene »Dombau-Lotterie« erbrachte dringend benötigte Einnahmen. Am 15. Oktober 1880 wurde der letzte Stein auf die Kreuzblume des Südturms gesetzt.

Im Zweiten Weltkrieg wurde der Dom durch mehrere Bomben schwer beschädigt. Es gleicht einem Wunder, dass das gewaltige Bauwerk den Druckwellen und Erschütterungen standhielt. 1948 konnte der Chor wieder genutzt werden, 1956 der Westteil. Aber die Bauarbeiten gehen auch heute weiter, denn Wind, Wetter und Schadstoffe in der Luft setzen dem Mauerwerk u. a. aus Drachenfels-Trachyt und verschiedenen Sandsteinen zu.

Mit ihren beinahe 7000 Quadratmetern ist die hochgotische **Westfassade** die größte Kirchenfassade, die jemals gebaut worden ist. Sie ist von bewundernswerter Strenge und Klarheit. Und sie ist zum großen Teil ein Werk des 19. Jahrhunderts. Möglich wurde diese originalgetreue Errichtung durch die Auffindung eines erhalten gebliebenen, vier Meter hohen Fassadenrisses, der wahrscheinlich zwischen 1280 und 1360 gezeichnet worden ist und auf noch ältere Pläne zurückgeht. Nichts ist mehr zu finden von den wuchtigen Gebäudemassen der Romanik, alles ist aufgelöst in eine Vielzahl von Fialen, Strebepfeilern, Spitzbögen, Verzierungen und Fenstern. Der Blick des Betrachters wird unweigerlich in die Höhe gezogen. Mit

Sulpiz Boisserée
1783–1854, Kunsthistoriker und Sammler. Der gelernte Kaufmann sammelte zeitlebens mittelalterliche Kunst. Als einer der ersten erkannte er den architektonischen Wert des Kölner Doms und strebte seine Fertigstellung an. Mit seiner Begeisterung konnte er Goethe anstecken, den er 1811 nach Köln lockte. Um die breite Öffentlichkeit für die Utopie zu gewinnen, begann er Bauaufnahmen des Doms zu zeichnen und zu publizieren. Zweimal reiste er nach Paris, wo die Fassadenrisse der Südhälfte vermutet wurden. Die der Nordhälfte spürte der Darmstädter Architekt Georg Moller auf. 1821 erschien Boisserées monumentales Werk »Ansichten, Risse und einzelne Theile des Doms von Köln«. Die Vollendung des Doms erlebte er nicht mehr.

Vorname und Name

Straße und Hausnummer

PLZ und Ort

E-Mail-Adresse

Datum und Unterschrift

An den
Lehmstedt Verlag
Hainstraße 1
D–04109 Leipzig

Liebe Leserinnen und Leser,
vielen Dank, dass Sie sich für einen Lehmstedt Reiseführer entschieden haben. Wir freuen uns, Ihre Meinung zu erfahren. Bitte schreiben Sie uns, wenn Sie Anregungen, Empfehlungen oder Berichtigungen haben. Gut verwertbare Informationen belohnen wir mit einem kostenfreien Lehmstedt Stadtführer Ihrer Wahl!
Vielen Dank!

Ich habe diese Karte folgendem Reiseführer entnommen:

____

❑ Bitte senden Sie mir regelmäßig kostenfrei und unverbindlich die Kataloge Ihrer Neuerscheinungen zu.

Ich möchte gern folgende Bücher aus Ihrem Verlagsprogramm bestellen und bitte um Lieferung gegen Rechnung an die umseitig genannte Adresse.

Anzahl	Autor, Titel

Ab einem Bestellwert von 20 € ist die Lieferung innerhalb Deutschlands versandkostenfrei.

info@lehmstedt.de

Unsere Datenschutzerklärung finden Sie unter www.lehmstedt.de.

157,22 Metern ist der Südturm vier Zentimeter höher als der Nordturm. Relativ klein sind dagegen die drei **Portale**, die die Fassadenfront durchbrechen. Deren südlichstes, das mit Apostelfiguren gerahmte Petersportal, ist das älteste (um 1370/80). Ihm schließen sich das mehr als 28 Meter hohe Mittelportal und das Dreikönigenportal an. Die südliche Querhausfassade stammt aus dem 19. Jahrhundert, sehenswert sind hier die bronzenen Portaltüren von Ewald Mataré. Der Chor leitet von der reich gestalteten Südfassade zur 1982 wiederhergestellten nördlichen Querhausfassade. Der bei einem Bombentreffer zerstörte Strebepfeiler an der nordwestlichen Ecke, den man 1944 mit Ziegeln gesichert hatte (»Kölner Domplombe«), wurde 2005 saniert. Man erkennt ihn heute noch an der helleren Farbe des Steins.

Südquerhausfenster von Gerhard Richter

Durch die steil wirkende Vorhalle gelangt man in das etwa 120 Meter lange **Hauptschiff**. Manche Besucher empfinden das Innere als einen mystischen Raum, der keine Grenzen zu haben scheint. Von weit oben her fällt das Licht durch die bunten hohen Glasfenster, über 100 Pfeiler, unterstützt durch Strebepfeiler und Bögen, tragen die Gewölbe, die so beinahe schwerelos wirken.

Es ist unmöglich, hier auf alle Details und Kostbarkeiten des Kölner Doms einzugehen. Im Uhrzeigersinn gehend kommt man zunächst in das nördliche Seitenschiff, dessen fünf Renaissancefenster (1507/09) Szenen aus dem Alten und Neuen Testament zeigen. Das Ostende schließt der **Clarenaltar** ab, der aus dem 1807 zerstörten Franziskanerinnenkloster St. Clara stammt. Er wurde um 1350 geschaffen und gilt als das älteste Altarretabel mit einem eingebauten Sakramentstabernakel im Zentrum.

Vorbei am Adlerpult, der 1854 gegossenen Kopie eines 1370 gefertigten Lesepults der Marienkirche in Tongern, und der Holzstatue der Hl. Ursula, der Stadtpatronin von Köln, kommt man in das nördliche Querhaus. Hier hat der einst für die Achskapelle des Chores geschaffene Marmoraufbau des **Dreikönigenaltars** seinen Platz gefunden. In einer Vitrine steht die hochverehrte und reich mit Schmuck behängte Gnadenmadonna aus dem 18. Jahrhundert.

Bevor man sich auf einen Rundgang um den Chor begibt, kann man eine Treppe hinab zur **Krypta** mit den erzbischöflichen Begräbnissen steigen. Sie wurde erst

Leise Zweifel an der **Echtheit der Reliquien der Heiligen Drei Könige** kamen bereits im 19. Jahrhundert auf. Am 21. Juli 1864 öffnete man den Schrein erstmalig und fand darin drei vollständige Skelette: das eines etwa 12-jährigen Jungen, das eines 30- und das eines etwa 50-jährigen Mannes. Die Lebensalter stimmten also mit den Darstellungen der Heiligen Drei Könige überein. Nicht aber die Textilien, mit denen sie umwickelt waren. Die Knochen selbst wurden bis heute nicht analysiert, und das ist vielleicht auch kein Schade, denn die Frage: Wer liegt wirklich in dem Schrein? stellt sich nicht. Dies ist eine Entscheidung des Glaubens.

Dreikönigenschrein

Das **Gero-Kreuz** ist eines der ältesten erhaltenen Großkruzifixe nördlich der Alpen. Wahrscheinlich in der 2. Hälfte des 10. Jahrhunderts von einem unbekannten Künstler mit noch vier Nägeln gefertigt, stand es im mittelalterlichen Dom über dem Sarkophag seines Stifters, des Erzbischofs Gero. An dem 2,88 m hohen Längsbalken ist der 1,87 m große Korpus Christi aus Eichenholz angebracht. Seine Augen sind geschlossen, das Lendentuch zeigt noch Reste der rötlichen Bemalung. Anders als bei vorottonischen Plastiken strahlt Christus hier nicht, sondern ist als leidender Mensch dargestellt.

1960 angelegt (Stuckdecke von Erlefried Hoppe) und gehört zum Ausgrabungsareal unter dem Hochchor. Bei den Bauarbeiten entdeckte man zwei Fürstengräber aus der Zeit um 540 und somit den Beweis für eine christliche Kirche an dieser Stelle. Wieder an der Oberfläche angelangt, kommt man zu einer der wertvollsten und ältesten Kostbarkeiten des Doms, dem **Kreuzaltar** mit dem Gero-Kreuz.

Sieben **Kapellen** umgeben den Binnenchor, die schon in ihrer Entstehungszeit als Grablegen geplant waren. So findet man z.B. in der Johanneskapelle (links neben der Achskapelle) die Tumba des Erzbischofs Konrad von Hochstaden, in der Stephanuskapelle (7. Kapelle) die Hochgräber der Erzbischöfe Gero und Rainald von Dassel. Besondere Beachtung sollte man den Glasfenstern schenken. Herauszuheben ist hier das zweibahnige Ältere Bibelfenster mit Christus als Weltenrichter in der Dreikönigenkapelle (Achskapelle). Es entstand um 1260/61 und führt dem Betrachter in einer Bildfolge die heilsgeschichtliche Verknüpfung von Altem und Neuem Testament vor Augen. In den beiden südlichen Chorseitenschiffen, der Marienkapelle, hat der **Altar der Stadtpatrone** seinen Platz gefunden. Er war 1445 vom Rat der Stadt Köln für die Ratskapelle (im Zweiten Weltkrieg zerstört) in Auftrag gegeben worden. Nach der Besetzung Kölns durch französische Truppen hielt man den gemalten Altar versteckt und brachte ihn 1809 auf Betreiben von Ferdinand Franz Wallraf in den Dom. Er stammt von Stefan Lochner, der in einer meisterhaften Verschmelzung italienischer und flämischer Malerei eines der bedeutendsten Werke mittelalterlicher Kunst in Köln schuf.

Der **Hochchor** nimmt das System aus Strebepfeilern des Langhauses auf und führt es harmonisch in das abschließende Halbrund mit den fast 18 Meter hohen Obergadenfenstern. Das um 1308 geschnitzte **Chorgestühl** ist mit 104 Sitzen das größte in Deutschland. Es lohnt sich, genauer hinzuschauen, denn unter den Misericordien verbergen sich Szenen mit Tieren und Fabelwesen, zwischen den Sitzen Knäufe mit Tier- und Menschenfiguren. Die nach 1332 entstandenen Bilderzyklen an den gemauerten Chorschranken stellen das älteste Zeugnis der berühmten mittelalterlichen Kölner Malschule dar. Der **Hochaltar** besteht aus einer über sechs Tonnen schweren tiefschwarzen Marmorplatte, reich profiliert und mit Maßwerkarkaden aus weißem Carraramarmor. Nur die Vorderseite befindet sich noch im Originalzustand, denn die Figuren der übrigen Seiten wurden im Zuge

Kreuzaltar mit Gero-Kreuz

Agilolphusaltar

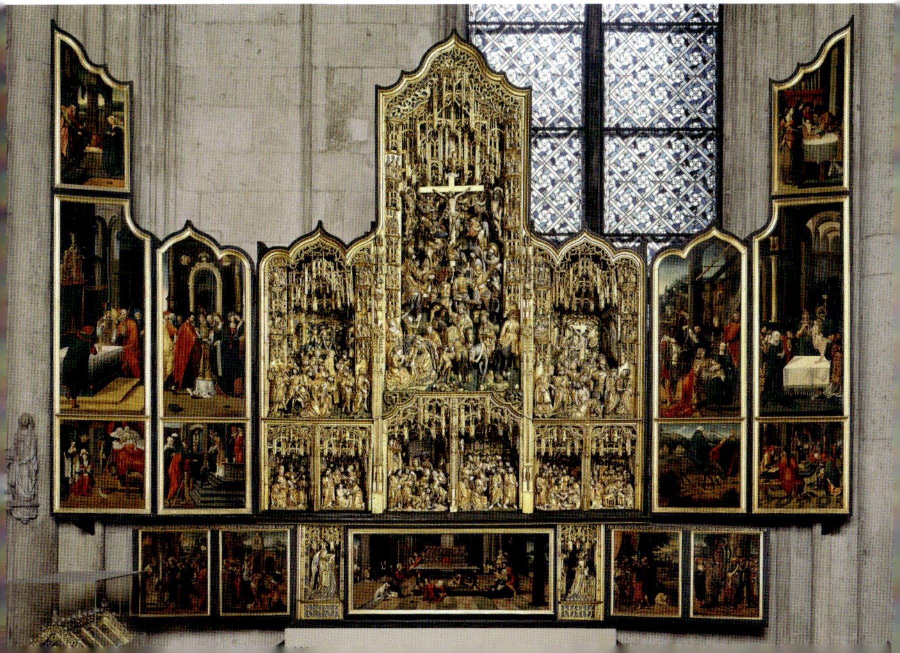

Figur des Hl. Christophorus

der Barockisierung entfernt. Sie sind heute im Museum Schnütgen (siehe Nr. 31) zu besichtigen. Das Allerheiligste des Doms ist der **Dreikönigenschrein** mit den Gebeinen der Heiligen Drei Könige. Er wurde in 30-jähriger Arbeit unter Beteiligung des Lothringer Goldschmieds Nicolaus von Verdun und seiner Werkstatt gefertigt und zählt zu den prächtigsten Goldschmiedearbeiten des europäischen Mittelalters. Das Bildprogramm, 74 goldene und silberne Figuren, umgeben von Perlen, Edelsteinen, antiken Gemmen und Emaillebesatz an den Säulen und Bögen, illustriert die Heilsgeschichte bis hin zum Großen Weltgericht. Im Inneren sind hinter der Trapezplatte der Vorderseite auf dem Häupterbrett die Schädel der Heiligen Drei Könige platziert.

Weiter geht der Rundgang durch das südliche Querhaus mit der von einem Engel getragenen **Schönen Madonna**, einer Kalksteinfigur aus dem frühen 15. Jahrhundert. Ihr gegenüber findet sich der riesige **Hl. Christophorus**, der um 1470 aus Tuffstein geschaffen wurde. Die östliche Wand des Querschiffes nimmt der um 1520 in Antwerpen gearbeitete **Agilolphusaltar** mit dem Agilolphusschrein ein. Der Hl. Agilolphus, dessen Reliquien sich im Schrein links neben dem Altar befinden, war im 8. Jahrhundert Bischof von Köln und soll der Legende nach in den kriegerischen Auseinandersetzungen zwischen den Merowingern und Karolingern gestorben sein. Ein Schrein auf dem steinernen Sockel des Altars birgt die Reliquien der vier Mauren, die den Hl. Gereon angeblich begleitet haben sollen.

Eines der jüngeren Kunstwerke des Doms ist das 2007 spektakulär eingeweihte **Fenster von Gerhard Richter** im Südquerhaus. Genau 11 263 farbige Glasquadrate von 9,7 Zentimeter Seitenlänge in 72 Farben ordnete Richter nach dem Zufallsgenerator für eine Hälfte des Fensters an, die andere Hälfte wurde gespiegelt, sodass sich die Bahnen 1 und 3, 2 und 5 sowie 4 und 6 entsprechen.

Nicht versäumen sollte man, den **Südturm** zu besteigen. Ein Tunnel durch sein Fundament führt zum Eingangsgebäude mit dem Turmaufstieg. Über 500 Stufen muss man erklimmen, vorbei am Domgeläut, auf die 97 Meter hohe Aussichtsplattform, die um den Maßwerkhelm führt und eine beeindruckende Aussicht bietet.

Stefan Lochner

Um 1400/10–1451, bedeutendster Maler der Kölner Malerschule. Lochners Familie stammte aus Meersburg am Bodensee. Sein Wirken in Köln ist von 1442 bis 1451 nachweisbar. Da keine seiner Arbeiten signiert ist, galt er lange als der große unbekannte Meister. Erst eine Notiz Albrecht Dürers, er habe eine Altartafel aufschlagen lassen, die von »Meister Stefan« gefertigt worden sei, brachte die Forschung 1823 auf die richtige Spur. 1447 erwarb Lochner das Kölner Bürgerrecht, kaufte zwei Häuser, wurde zweimal zum Ratsherrn der Schildergaffel gewählt und starb, wie auch seine Gattin, 1451 (wahrscheinlich an der Pest).

4 | Domschatzkammer

10–18 Uhr

An der Nord-, also der Bahnhofsseite, befindet sich die Domschatzkammer, die man auch über einen Zugang im nördlichen Querhaus des Doms erreicht. Im Oktober 2000 wurde über den ausgebauten Gewölberäumen aus dem 13. Jahrhundert ein von dunklen Bronzeplatten umhüllter Kubus eröffnet. Die Schatzkammer gilt als eine der schönsten Deutschlands. Sie beherbergt in sechs Ausstellungsräumen auf drei Etagen kostbare Reliquiare, liturgische Geräte, Handschriften, Gewänder und Insignien der Erzbischöfe vom 4. bis zum 20. Jahrhundert, darunter den durch Erzbischof Bruno I., auch Brun genannt, nach Köln gebrachten Petrusstab mit einem aus dem 4. Jahrhundert stammenden Elfenbeinknauf, den vergoldeten Schrein des Hl. Engelbert (1633) und den mittelalterlichen Holzkern des goldenen Dreikönigenschreins. Bei den ausgestellten Kostbarkeiten handelt es sich nicht um rein museale Objekte, sie sind auch heute noch feste Bestandteile des liturgischen Lebens im Dom.

Apokalyptisches Lamm auf dem Buch mit sieben Siegeln, um 1775

5 | Museum Ludwig

Heinrich Böll
1917–1985, Schriftsteller. Böll wurde in Köln geboren, wuchs in der Kölner Südstadt auf, absolvierte eine Buchhändlerlehre und machte als Autor die Stadt, zu der er immer ein ambivalentes Verhältnis hatte, zum Hauptschauplatz seiner zahlreichen Romane und Erzählungen. Bereits unmittelbar nach der Zerstörung Kölns beschrieb er die Not der Überlebenden. In Romanen wie »Billard um halb zehn« oder »Die verlorene Ehre der Katharina Blum« setzte er sich kritisch mit den Wegen der Bundesrepublik auseinander. 1972 erhielt er den Nobelpreis für Literatur; 1983 wurde ihm die Ehrenbürgerwürde Kölns verliehen.

Di–So 10–18 Uhr, 1. Do im Monat bis 22 Uhr

Am Fuße des Domchores erstreckt sich zum Rhein hin der weiträumige gestaffelte Komplex des Museum Ludwig. Auf dem Weg über die Domplatte passiert man die Hülle des Römisch-Germanischen Museums (bis etwa 2026 im Belgischen Haus untergebracht, siehe Nr. 32), und kommt zunächst zum Ma'alot genannten Kunstwerk des israelischen Künstlers Dani Karavan (1986) auf dem **Heinrich-Böll**-Platz. Hier befindet sich auch der Eingang zum Museum.

Das Museum Ludwig entstand 1980/86 nach Entwürfen der Architekten Peter Busmann und Godfrid Haberer. Seine nach Norden belichteten Sheddächer und die teilweise Verkleidung mit Titan-Zinkblech bilden einen spannungsvollen Kontrast zur gotischen Kathedrale. Der Raum unter dem Bauwerk wird etwa zur Hälfte von der Philharmonie eingenommen, einem runden und mit 2000 Plätzen nach oben ansteigendem Raum, der an ein griechisches Amphitheater erinnert. Gebaut wurde das Museum, nachdem die Kunstsammler **Peter und Irene Ludwig** 1976 mit der Stadt Köln einen Schenkungsvertrag über 350 Kunstwerke aus ihrer Sammlung abgeschlossen hatten, der beinhaltete, dass die Stadt im Gegenzug ein Museumsgebäude errichten würde. 1986 öffnete das Doppelmuseum, das zudem das Wallraf-Richartz-Museum beherbergte. Als aber 1994 das Ehepaar Ludwig der Stadt weitere rund 80 Werke zeitgenössischer Kunst und 700 Arbeiten Picassos als Dauerleihgabe anbot, sollte das Museum nur noch ihren Namen tragen. 2001 erfolgte der Auszug des Wallraf-Richartz-Museums (siehe Nr. 16).

Das Museum Ludwig vereinigt eine großartige Sammlung des deutschen Expressionismus (u. a. Nolde, Kokoschka, Beckmann), die drittgrößte Picasso-Sammlung der Welt, Werke der russischen Avantgarde (u. a. Malewitsch, Rodtschenko, Gontscharowa), des Surrealismus (u. a. Magritte, Dalí, De Chirico), der amerikanischen Pop-Art (u. a. Rauschenberg, Warhol, Lichtenstein) und deutsche Kunst nach 1945 bis in die Gegenwart. Mit rund 70 000 Werken stellt die fotografische Sammlung einen weiteren Schwerpunkt dar, der jedoch nicht in der Dauerausstellung präsent ist. Das Museum, von dessen Kollektionen aus konservatorischen Gründen nur ein kleiner Teil gezeigt werden kann, richtet seinen Fokus heute auf lateinamerikanische, afrikanische und asiatische Kunst.

Peter und Irene Ludwig
Unternehmer und Kunstsammler. Peter Ludwig (1925–1996) lernte während des Kunstgeschichtsstudiums in Mainz Irene Monheim (1927–2010), die Urenkelin des Aachener Schokoladenfabrikanten Leonard Monheim, kennen und heiratete sie 1951. Er baute die Monheimsche Firma zum zeitweise größten Schokoladenhersteller Deutschlands aus und benannte sie 1986 in Ludwig Schokolade GmbH & Co. KG um. Die Ehepartner waren kenntnisreiche Kunstsammler. So entstand eine Sammlung von über 12 000 Kunstwerken, die heute in über 30 Museen gezeigt werden, von denen allein zwölf den Namen Ludwig tragen.

Es empfiehlt sich, über die Hohenzollernbrücke, vorbei an unzähligen Liebesschlössern, auf die **rechtsrheinische Seite** zu spazieren. Diese wird in Köln als die »Schäl Sick«, die »falsche Seite« bezeichnet. Konrad Adenauer verstieg sich sogar zu der Bemerkung, hinter Deutz begänne bereits Sibirien. Aber auf der 500 Meter langen Freitreppe des 2015 fertiggestellten Rheinboulevards kann man gemütlich mit vielen Anderen sitzen und den Sonnenuntergang über dem Rhein und dem Altstadtpanorama genießen und den Abend mit dem einen oder anderen Glas Kölsch beschließen.

6 | Hohenzollernbrücke

1855/59 entstand auf Wunsch des preußischen Königs Friedrich Wilhelm IV. in der Achse des Domes nach Plänen von Hermann Lohse die Dombrücke, die angesichts des rasant gestiegenen Bahnverkehrs 1909 abgerissen und durch die neoromanische Hohenzollernbrücke ersetzt wurde. Auf nur zwei Strompfeilern überspannt die von Fritz Beermann konstruierte Bogensehnenträgerbrücke den Rhein seit 1910. Am 22. Mai 1911 wurde sie durch Kaiser Wilhelm II. eingeweiht. Ursprünglich nahmen die beiden nördlichen Trassen die Geleise der Bahn auf, auf den südlichen rollten die Autos. Während linksrheinisch die Reiterstandbilder von Kaiser Friedrich III. und, bereits zu Lebzeiten, Wilhelm II. (Louis Tuaillon) platziert wurden, schmücken rechtsrheinisch König Friedrich Wilhelm IV. (Gustav Blaeser) und Kaiser Wilhelm I. (Friedrich Drake) die Rampen. Sie sind, ebenso wie der Name der Brücke, ein wenig diskreter Hinweis auf die glorreiche preußische Vergangenheit der Rheinprovinz. 1945 wurde die Brücke gesprengt und 1957/59 in den alten Konstruktionsformen wiederaufgebaut. 1985 verbreiterte man sie um eine zweite Brücke für den S-Bahn-Verkehr sowie einen Fuß- und Radweg.

7 | Heinzelmännchen-Brunnen

Die **römische Hafenstraße** und den Roncalliplatz passierend, kommt man zum Heinzelmännchen-Brunnen. Er wurde 1899 zu Ehren von August Kopisch errichtet, der 1836 die schöne Ballade von den »Heinzelmännchen in Köln« verfasst hatte, die so beginnt: »Wie war zu Köln es doch vordem/ Mit Heinzelmännchen so bequem!« Diese verrichteten des Nachts nämlich alle Arbeit für die faulen Kölner. Eine neugierige Schustersfrau jedoch wollte sich die kleinen Helfer genauer ansehen und verstreute Erbsen auf der Treppe. Im Mittelteil des Brunnens kann man sie sehen, wie sie mit ihrer Lampe nachschaut, wie die kleinen Geister auf den Erbsen die Treppe hinunterpurzeln. Da war es vorbei mit der nächtlichen Hilfe, bis zum heutigen Tag!

Die 33 Meter lange **römische Hafenstraße** wurde 1969/70 bei Arbeiten an der Domplatte entdeckt. Sie bildete eine nördliche Ost-West-Verbindung des rechtwinkligen Straßenrasters, lag aber ursprünglich sechs Meter weiter nördlich. Man trug also die Steine ab, nummerierte sie sorgfältig, um sie in der Umgebung des Römisch-Germanischen Museums originalgetreu wieder zu verlegen. Aber einsetzender Regen wischte die Kreide ab. Zum Wegwerfen waren die Steine zu schade, und so wurden sie eben nach Gefühl mit Zwischenräumen und Buckeln angeordnet. Kein römisches Fuhrwerk wäre hier auch nur einen Meter gefahren.

8 | Alter Markt

Erstmalig wurde er 922 als »mercatus coloniae« erwähnt. Hier fand man seit 1024 die von Erzbischof Pilgrim errichtete Münzprägestätte, in der der »Kölner Pfennig« geprägt wurde, ein Hospital und eine Brothalle. Aber auch Gerichtsstrafen wurden hier öffentlich vollstreckt.

Karneval
Natürlich gab es bereits im Mittelalter in Köln Fastnachtsfreuden mit »Mummerei«, in der Frühen Neuzeit feierte man, und selbst die Franzosen ließen die jecken Umzüge zu. Erst die Preußen brachten Ordnung in das wilde Treiben, 1823 gründete sich das »Festordnende Komitee«, man erfand den Helden Carneval, es entstanden das Dreigestirn und viele, viele Karnevalsgesellschaften. Heute gibt es deren etwa 160, die das große Fest, die »Fünfte Jahreszeit«, unterstützen, deren Höhepunkt immer noch der Rosenmontagsumzug ist. Allerorten hört man den Narrenruf »Kölle Alaaf«. Am Aschermittwoch ist alles vorbei.

Bei einem Stadtbrand 1503 wurde der Markt zerstört. In den folgenden Jahren ließen sich auf dem Areal wohlhabende Bürger Wohnhäuser errichten, die nicht mehr aus Fachwerk bestanden, sondern mit Stein gemauert waren, um zukünftigen Feuersbrünsten zu begegnen. Noch griff man auf gotische Formen wie Stufengiebel und Zinnen zurück, bediente sich aber auch modernerer Elemente wie Volutengiebel und Korbbögen. Der zugleich als Wohn- und Handelshaus genutzte Gebäudetyp blieb für die nächsten 200 Jahre im Stadtbild vorherrschend. Ein schönes Beispiel ist das 1580 errichtete Doppelhaus »Zum Dorn« und »Zur Brezel« (Nr. 24). Es besitzt zwei prächtige Volutengiebel und ist das einzige erhaltene und heute als »Gaffel-Haus« bekannte Bauwerk auf dem Alter Markt.

Links neben dem »Gaffel-Haus«, an dem schmalen, 1956 von dem Architekten Jupp Engels errichteten Gebäude »Em Hanen«, weit oben am vierten Geschoss, hängt ein »Kallendresser« (Kölsch für jemanden, der seine Notdurft in die Regenrinne verrichtet) aus Kupferblech. Er wurde von Ewald Mataré nach alten Vorlagen geschaffen. Vom Zweiten Weltkrieg unbeschadet blieb der Jan-von-Werth-Brunnen auf dem Alter Markt. Der Bildhauer Wilhelm Albermann schuf 1884 einen fünf Tonnen schweren Brunnen mit einem Figurenreigen, der die Sage des armen Jan von Werth darstellt, der von seiner geliebten Griet verschmäht wurde und aus Gram in den Dreißigjährigen Krieg zog, wo er es bis zum Reitergeneral brachte.

Heute findet auf dem Alter Markt (der nicht dekliniert wird!) alljährlich der Weihnachtsmarkt statt, und hier wird am 11.11., 11.11 Uhr die **Karneval**saison und mit der Weiberfastnacht der Straßenkarneval eröffnet.

9 | Tünnes und Schäl

Die beiden Kultfiguren des 1802 gegründeten legendären Hänneschen Puppentheaters am Eisenmarkt, Tünnes (Kölsch für Antonius) und Schäl (weil die Figur schielt), stehen als Bronzefiguren direkt vor der gleichnamigen Gastwirtschaft (Alter Markt 26). In Auftrag gab sie der Architekt Jupp Engels, der Bildhauer Wolfgang Reuter hat sie gegossen. Die Figuren sind natürlich erfunden, aber sie weisen so viele Eigenheiten der Kölner auf, dass man sie für durchaus existent halten könnte. Tünnes ist sanft und trinkt gern mal ein **Kölsch** zu viel. Schäl hingegen lässt sich nicht übers Ohr hauen, trickst dafür andere gern aus. Die glänzende Trinkernase von Tünnes zu reiben, soll übrigens Glück bringen.

Das **Kölsch**, ein helles, blankes und obergäriges Bier, wird gewöhnlich aus schmalen 0,2 Liter-Gläsern getrunken. Man frage gar nicht erst, ob man ein größeres Glas bekommen kann. Es gibt Kölsch nur in der Stange! Aber es geht auch noch kleiner, ein Stössje fasst nur 0,1 Liter. Kölsch darf nur in Köln und Umgebung gebraut werden. Es wird mit Gerstenmalz, Hopfen und Wasser gebraut, aber manche Brauer setzen noch Weizenmalz zu. Seit 1997 ist das Kölsch laut der von 24 Kölsch-Brauereien bereits 1985 unterzeichneten »Kölsch-Konvention« europaweit als Marke geschützt. Sein Alkoholgehalt liegt bei 5,8 %, ausgeschenkt wird es mit einer Temperatur von 5 bis 8 Grad.

RHEIN
HOTEL

10 | Groß St. Martin

Di–Do 13–17 Uhr, Fr 10–12 Uhr, Sa 10–12/13–17 Uhr, So 13–18 Uhr

Seit Jahrhunderten bildet der Turm von Groß St. Martin gemeinsam mit Dom und Rathausturm im Rheinpanorama ein unvergleichliches Ensemble. Auf der einstigen Rheininsel, durch einen Rheinarm gebildet, standen zur Römerzeit Lagerhallen und Speichergebäude. Erst in der Mitte des 10. Jahrhunderts ließ Erzbischof Bruno I. den Arm zuschütten. Es entstand die ehemalige Rheinvorstadt bzw. das Martinsviertel, benannt nach einem der beliebtesten Heiligen. Hier gründete Bruno I. ein Chorherrenstift, das wenig später in ein Benediktinerkloster umgewandelt wurde. Auf den Fundamenten der spätantiken Lagerhallen wurde eine erste Kirche unter dem Patrozinium des Hl. Martin errichtet, die aber wahrscheinlich 1150 einem Stadtbrand zum Opfer fiel. Ein Neubau entstand, dessen Turmmassiv mit den Ecktürmen um 1230 vollendet war. 1802 wurde Groß St. Martin säkularisiert und später Pfarrkirche für die Pfarre St. Brigida. Zwischen 1868 und 1885 erhielt die Kirche eine historistische Neugestaltung des Innenraums nach einem Entwurf von August Essenwein.

Im Zweiten Weltkrieg zerstörten Bomben die Kirche. Nach 1945 wurde festgestellt, dass ihr Wiederaufbau weniger ein technisches als ein künstlerisches Problem sein werde. Diskutiert wurde, ob man sie nicht als ein Mahnmal stehen lassen solle, völlig neu wiedererrichte oder rekonstruiere. Die Gegner der originalgetreuen Rekonstruktion wollten eine »Scheinwelt« mit »ärgerlichen Kopien« vermeiden. Aber sie setzten sich nicht durch. 1948 begannen erste Sicherungsmaßnahmen, 1955 der Wiederaufbau des Langhauses, und 1965 hatte der alte Vierungsturm seine ursprüngliche Gestalt zurückerhalten. 1985 erfolgte die Altarweihe der wiederhergestellten Kirche. Seit 2009 ist in Groß St. Martin der Konvent der Schwestern und Brüder von Jerusalem angesiedelt.

Groß St. Martin ist eine dreischiffige Pfeilerbasilika. Hier wird man einer in Köln bis zur Meisterschaft vollendeten Chorform gewahr, des **Kleeblattchors**. Auf spätrömische Memorialbauten zurückgehend, fassen drei halbrunde Apsiden oder Konchen einen quadratischen

Der **kleeblattförmige Dreikonchenchor** ist eine architektonische Großleistung internationalen Ranges, die erstmalig in St. Maria im Kapitol gebaut wurde und als Vorbild für Groß St. Martin und viele andere Kirchen im Rheinland diente. Diese Chorform hat ihre Ursprünge in der antiken Baukunst – erstaunlich ist die Übereinstimmung der Grundrisse mit der Geburtskirche Christi in Betlehem. In St. Maria im Kapitol erfuhr die Form ihre Vollendung. Sie zeigt einen vollkommenen, harmonischen Grundriss mit umlaufenden Seitenschiffen. Weitere, später entstandene Dreikonchenchöre findet man in St. Aposteln und St. Andreas in Köln, im Quirinius-Münster in Neuss und in der Elisabethkirche in Marburg.

Hl. Eliphius

Chor ein. Reiche Wandgliederungen lösen die schweren Wände auf. So verfügt jede Konche unter dem Übergang zum Dach über eine Zwerggalerie mit kleinen Rundbögen. Außergewöhnlich und großartig ist das Turmmassiv. Ein beeindruckender Vierungsturm erhebt sich zwischen vier hohen achteckigen Ecktürmen. Dort wo der Turm in sein spitzes Knickdach übergeht, ragen die Ecktürme noch um jeweils zwei Geschosse hinauf.

Die Innenausstattung ist schlicht, nur wenig ist erhalten von der mittelalterlichen Ausmalung und der Vielzahl an Altären. Im nördlichen Seitenschiff findet man über dem um 1200 gefertigten Taufstein eine Kreuzigung und die Grablege Christi von Meister Tilman (1509). Am nordöstlichen Langhauspfeiler hat ein Triptychon mit der Anbetung der Heiligen Drei Könige Platz gefunden. Es wurde um 1530 gemalt und zeigt in den Hintergründen Architekturdetails der Renaissance. Im Altarbereich und an den Querschiffeckpfeilern haben sich Reste des Fußbodenmosaiks von August Essenwein erhalten. Im Rund der wie ein Querschiff erscheinenden südlichen Apside stehen zwei Engel aus Sandstein (1848/49), an der östlichen Wand die aus dem 12. Jahrhundert stammende Holzskulptur des Hl. Eliphius, des zweiten Patrons der Kirche. Erschütternd realistisch erscheint die farbig gefasste Skulptur des Schmerzensmannes, die zu Beginn des 16. Jahrhunderts gefertigt wurde und wahrscheinlich aus der Werkstatt von Meister Tilman stammt. Der Farbfensterzyklus stammt von Hermann Gottfried (1984/90).

Robert Blum
1807–1848, Politiker, Verleger, Publizist und Dichter. In Köln geboren, stieg Blum vom arbeitslosen Handwerkergesellen zu einem der einflussreichsten Politiker der Revolution von 1848 auf. In Zeitungs- und Buchtexten kämpfte er gegen die erstarrte Ordnung für Demokratie und wurde so einer der vier Vizepräsidenten des Vorparlaments in Frankfurt für die Nationalversammlung, die sich am 18. Mai in der Paulskirche versammelte. Trotz seiner Immunität als Abgeordneter wurde Blum im Oktober 1848 in Wien inhaftiert, zum Tode verurteilt und am 9. November in der Brigittenau erschossen. Mit seinem Märtyrertod wurde Blum zum Mythos und zur Leitfigur der deutschen Demokratie.

11 | Fischmarkt

Bereits im Mittelalter spielte sich hier der Flussfischhandel ab. Seit 1259 besaß Köln das Stapelrecht, d.h. für den auf dem Rhein gefangenen und transportierten Fisch galt die Regel, dass er drei Tage lang in Köln verkauft werden musste, so grüne Heringe, Lachs oder Schollen, aber auch Räucherware wie Bückling. Erst im 19. Jahrhundert zog der Fischhandel vom offenen Markt in Buden und Ladengeschäfte. An die Frauen, die 1397 mit der Gründung der Zunft der Fischmenger vom Verkauf ausgeschlossen wurden, erinnert der 1986 entworfene Fischweiber-Brunnen. Das Stapelhaus, das heutige Haus des Handwerks,

Oben: Gedenktafel für Robert Blum
Links: Groß St. Martin

wurde 1558/61 als Fischkaufhaus errichtet und wenig später um ein Schlachthaus erweitert. 1942 brannte es aus, wobei nur der Südturm erhalten blieb, und wurde bis 1966 stark vereinfacht wiederaufgebaut. Nach 1945 standen auf dem Fischmarkt nur noch drei der alten Häuser. Vieles wurde originalgetreu rekonstruiert, sodass man heute eine Ahnung davon erhalten kann, wie es rundherum einmal ausgesehen hat.

Versteckt an einer Mauer an der Mauthgasse erinnert eine steinerne Gedenktafel an Robert Blum.

12 | Ostermann-Brunnen

Wilhelm Ostermann (1876–1936) war ein in Köln hochverehrter und geliebter Komponist von Heimat- und Karnevalsliedern in Kölscher Mundart, die er selbst vortrug. Darunter sind Klassiker wie »Einmal am Rhein« oder »Heimweh nach Köln«. Zur Weiberfastnacht 1939 wurde der von Willy Klein aus Muschelkalk geschaffene Willi-Ostermann-Brunnen eingeweiht. Auch am Rathausturm kann man eine Ostermann-Figur entdecken. Seit 1967 wird als höchste Auszeichnung des Kölner Karnevals die Willi-Ostermann-Medaille verliehen.

13 | Historisches Rathaus

Besichtigung unter www.koelntourismus.de

Durch eine der schmalen Gassen kommt man wieder zurück zum Alten Rathaus. Rechnet man den Vorgängerbau hinzu, zwischen 1135 und 1152 als »domus civium« erwähnt, gilt es als das älteste Rathaus Deutschlands. Das Selbstbewusstsein der Bürger wuchs in einem solchen Maße, dass sie sich 1330 auf dem romanischen Vorgängerbau ein repräsentatives Rathaus errichteten.

Den nach Kriegszerstörungen wiederhergestellten **Saalbau** beherrscht der im Obergeschoss gelegene Ratssaal. Er wird auch Hansasaal genannt, weil hier 1367 in einer Tagung der Hanse der Krieg gegen Dänemark beschlossen wurde. Eine hölzerne Spitztonne überspannt die Maßwerkblenden der Seitenwände. Während die nördliche Seitenwand mit dem von einer Rosette bekrönen Maßwerk ausgefüllt ist, zeigt die gegenüberliegende Seitenwand ein reiches steinernes Figurenprogramm. In filigranen Tabernakeln stehen die Neun Helden (Hektor, Alexander der Große, Julius Caesar, Judas Makkabäus, David, Josua, König Artus, Karl der Große und Gottfried

Das Wort **Gaffeln** kommt von zweizinkigen Gabeln, die beim traditionellen gemeinsamen Essen der wichtigsten politischen Vereinigungen der Stadt Köln verwendet wurden. Die Gaffeln bestanden von 1396 bis zu ihrer Auflösung durch die Franzosen 1794. Entstanden aus verschiedenen Zünften, waren sie aber nicht mit ihnen identisch. Es gab 22 Gaffeln, denen jeweils ein Amtsmeister vorstand. Die Amtsmeister wählten 36 der 49 Ratsherren. Die übrigen 13 wurden Gebrech genannt und bestanden aus zuvor gewählten Bürgern Kölns. Nicht zu den Gaffeln zählten u.a. Frauen, Gaukler, Nichtkatholiken, Dienstpersonal, Henker, Abdecker und Prostituierte.

Irmgard Keun
1905–1982, Schriftstellerin. Die in Berlin geborene und in Köln aufgewachsene Keun konnte bereits mit ihrem ersten Roman Erfolge feiern. Treffende Milieuschilderungen sowie »Humor wie ein dicker Mann« machten ihre Romane zu Schlüsselwerken der Neuen Sachlichkeit, galten unter den Nationalsozialisten als »Asphaltliteratur mit antideutscher Tendenz« und wurden verboten. Keun emigrierte und lebte eine Weile mit Joseph Roth zusammen. Nach 1945 konnte sie sich zeitweise nur dank der Unterstützung von Heinrich Böll über Wasser halten. 1982 starb sie, arm und alkoholkrank.

von Bouillon) sowie darüber Kaiser Ludwig der Bayer, der Köln wichtige Privilegien verlieh.

Als 1396 die Gaffeln den Rat der Stadt übernahmen, ließen sie 1407–1414 den gotischen **Rathausturm** errichten. Er ist 61 Meter hoch und die selbstbewusste Antwort der Bürger auf den Südturm des Doms. Er beginnt als Quadrat, das ab dem vierten Geschoss in ein Achteck überführt wird. Es gibt viel zu entdecken, denn teils auf Konsolen, teils unter Baldachinen stehen 124 Figuren. Im 18. Jahrhundert waren sie fast vollständig verschwunden bzw. zerstört, sodass erst um 1800 und nach den Zerstörungen des Zweiten Weltkrieges zwischen 1988 und 1995 neue Figuren geschaffen wurden. Die Liste ist opulent: Kaiser, Erzbischöfe, Heilige, Künstler und Sagenfiguren. Wer sucht, der findet neben dem Barockdichter Friedrich von Spee auch Karl Marx, Willi Ostermann und Irmgard Keun. Unter der Turmuhr steckt der Platzjabbeck den Passanten die Zunge heraus. Er wurde 1545 auf Kosten des Rates angebracht, aber seine Bedeutung kennt man nicht.

1540 kam der **Löwenhof** hinzu, der seinen Namen vom zentralen Motiv der Reliefbilder erhielt, dem Kampf des Bürgermeisters Grin mit dem Löwen als ein Gleichnis für den Kampf zwischen dem Erzbischof und der städtischen Macht. Das bedeutendste Renaissancebauwerk jedoch ist die 1569–1573 errichtete **Rathauslaube**, ein doppelgeschossiger, fünfachsiger Bau, der nach flämischen Vorbildern an eine italienische Loggia erinnert. Im Erdgeschoss rahmen korinthische Säulen die Arkaden, die spitzbogigen Arkaden des Obergeschosses führt ein Kreuzrippengewölbe fort. Aus dem Obergeschoss verkündete der Rat seine »Morgenansprachen« genannten Beschlüsse.

Anstelle des nach dem katholischen Militärbündnis im Dreißigjährigen Krieg benannten und im Zweiten Weltkrieg zerstörten **Spanischen Baus** wurde 1953/55 ein schlichter robuster Backsteinbau errichtet. Während der Bauarbeiten entdeckte man die Reste eines antiken Praetoriums (Statthalterpalast). Am Eingang der Nordseite prangt die Mutter Colonia, im überdachten Innenhof findet man ein Stadtmodell im Maßstab 1: 500, das ständig weitergebaut wird und alle Veränderungen aufnimmt.

Täglich um 9, 12, 15 und 18 Uhr erklingen die 48 bronzenen Glocken des **Carillons**, die mit 24 Melodien, darunter Kölner Karnevalsklassiker, Volkslieder, aber auch Musik von Karlheinz Stockhausen, über ein breites Repertoire verfügen.

Die Sage des fiktiven **Bürgermeisters Grin** (auch Gryn) soll sich 1262 zugetragen haben. Zwei Domherren luden Grin zu einem Essen ein und führten ihn in einen Garten, wo in einem Zwinger ein Löwe eingesperrt war. Unter dem Vorwand, ihm den Löwen zeigen zu wollen, stießen sie ihn in den Käfig hinein. Er jedoch griff in den Rachen des Löwen und tötete ihn im Kampf. Beide Domherren wurden danach zur Strafe auf Befehl von König Rudolph I. an einem Balken an der Pfaffenpforte aufgehängt.

Hansasaal

Blick in den Nordsaal des Praetoriums

Die **Jüdische Gemeinde Kölns** ist mit ihrer Ersterwähnung 321 die älteste nördlich der Alpen. Eine Synagoge ist seit der ersten Hälfte des 11. Jahrhunderts belegt. Trotz Schutzmaßnahmen durch die Erzbischöfe kam es immer wieder zu Plünderungen, Massakern und Vertreibungen. Ab 1424 durften sich keine Juden in Köln ansiedeln. Erst mit der französischen Besatzung 1797 wurde das Niederlassungsverbot aufgehoben, 1801 wurde eine Kultusgemeinde gegründet. Während der Schoah wurden mehr als 11 000 Kölner Juden ermordet. Eine neue Gemeinde gründete sich 1945.

14 | MiQua. LVR-Jüdisches Museum im Archäologischen Quartier Köln

Baufortschritte unter https://miqua.blog/

Das Wort »MiQua« steht eigentlich für »Museum im Quartier«, aber es assoziiert zugleich auch die Mikwe, das mittelalterliche jüdische Ritualbad. Auf einer Fläche von über 2400 Quadratmetern soll hier bis 2027 eine ober- und unterirdische Museumslandschaft entstehen. Nach dem Zweiten Weltkrieg unbebaut, birgt das etwa 6000 Quadratmeter große Ausgrabungsareal wertvolle archäologische Funde: das Praetorium, Verwaltungssitz des römischen Statthalters und später fränkischer Königssitz; Fundamentreste der römischen Stadtmauer; das mittelalterliche jüdische Viertel sowie das Goldschmiedequartier aus dem Mittelalter und der Frühen Neuzeit. Ganz in der Nähe liegt der Eingang der Mikwe aus dem 12. Jahrhundert. Ihr Schacht reicht bis in 16 Meter Tiefe zum Grundwasserspiegel. Das geplante Museum wird architektonisch wie ein Schutzmantel über den hochliegenden Mauerresten der einstigen Synagoge, den Fundamenten des steinernen Thora-Schreins und der Mikwe dienen. 2024 soll es eine Interimsausstellung im Praetorium geben.

15 | Duftmuseum im Farina-Haus

Mo–Sa 10–19 Uhr, So 11–17 Uhr

Als 1709 der italienische Parfümeur Johann Maria Farina (1685–1766) ein neues Parfüm aus Ölen von Zitrone, Orange, Bergamotte, Mandarine, Limette und Zeder kreierte, ahnte er nicht, dass dies unter dem Namen Eau de Cologne, so benannt nach seiner Wahlheimat Köln, einen Siegeszug um die Welt antreten würde. Napoleon und Mozart trugen es auf, Goethe, Queen Victoria, Thomas Mann und Konrad Adenauer auch. Zunächst ein reiner Männerduft, wurde er ab etwa 1830 auch von Frauen genutzt und geschätzt. Die Firma heißt seit 1733 Johann Maria Farina gegenüber dem Jülichs-Platz und stellt nach wie vor, streng geschützt vom deutschen Markenrecht, die Marke Original Eau de Cologne her. Im Stammhaus betreibt die Firma ein Duftmuseum in den originalen Produktionsräumen des 18. Jahrhunderts.

16 | Wallraf-Richartz-Museum & Fondation Corboud

Di–So 10–18 Uhr, 1./3. Do im Monat bis 22 Uhr

Es ist ein spannungsvolles Ensemble: der Gürzenich, das 2001 nach Plänen von Oswald Mathias Ungers errichtete Wallraf-Richartz-Museum und die in der Mitte gelegene Kirchenruine von Alt St. Alban. 2024 soll mit dem Erweiterungsbau für die Fondation Corboud begonnen werden. Hervorgegangen ist die zuvor an verschiedenen Standorten gezeigte Sammlung aus dem Erbe von **Ferdinand Franz Wallraf** und den großzügigen Spenden des Kaufmanns Johann Heinrich Richartz (1795–1861).

Der quadratische Bau von Ungers entstand in Anlehnung an das Vierungsquadrat der Ruine von St. Alban. Dem dreifach gestaffelten Verwaltungstrakt schließt sich nach einer Fuge, die der einst von Stefan Lochner bewohnten Straße entspricht, das eigentliche Ausstellungsgebäude an. Die mit hellem Naturstein verkleidete, beinahe ganz geschlossene Fassade ist mit beschrifteten Schiefertafeln strukturiert.

Das Museum besitzt eine der größten und bedeutendsten Sammlungen mittelalterlicher Malerei, die im ersten

Ferdinand Franz Wallraf
1748–1824, Priester, Botaniker, Mathematiker und Kunstsammler. Er studierte nach seiner Priesterweihe Medizin, wurde Doktor der Medizin und Philosophie, 1793 Rektor der Alten Universität und Kanoniker an St. Aposteln. Er machte sich in vielfacher Form um seine Stadt verdient. Als Sammler legte er den Grundstein für viele Kölner Museen, zugleich war er einer der ersten Denkmalschützer der Stadt. Als letzter Rektor der Alten Universität entwarf er weitgehende Pläne für eine Reform des rheinischen Hochschulwesens. Auf dem Melatenfriedhof liegt er in einer Doppelgrabstelle mit dem Stifter des Wallraf-Richartz-Museums, Johann Heinrich Richartz.

Obergeschoss präsentiert wird. Was man hier an Werken des 13. bis 16. Jahrhunderts zu sehen bekommt, ist einmalig. Neben großformatigen Altarbildern und italienischer Malerei des 13. Jahrhunderts liegt der Schwerpunkt auf der Altkölner Malerei, deren Meister die gotischen Traditionen mit dem Realismus der flämischen Malerei zu einem ganz eigenen Malstil verknüpften. Eines der schönsten Beispiele ist Stefan Lochners »Muttergottes in der Rosenlaube« (um 1450), auch als »Kölsche Mona Lisa« bezeichnet. Die großen Meister des 17. und 18. Jahrhunderts sind im zweiten Obergeschoss vertreten, während in der dritten Etage die Malerei des 19. Jahrhunderts Platz gefunden hat.

Bereits vor dem Zweiten Weltkrieg wurde die Sammlung impressionistischer, expressionistischer und symbolistischer Malerei aufgebaut. Zahlreiche Werke wurden 1937 aus der Sammlung gelöst und in der Ausstellung »Entartete Kunst« gezeigt, womit sie für das Museum unwiederbringlich verloren gingen. 2001 erfolgte die »ewige Leihgabe« des Schweizer Unternehmers Gérard J. Corboud, die Fondation Corboud mit Gemälden des Impressionismus, darunter Werke von Auguste Renoir, Claude Monet und Alfred Sisley, aber auch von Vertretern der Moderne wie Paul Cézanne, Paul Gauguin und Vincent van Gogh.

17 | Alt St. Alban

Das **Gürzenich-Orchester** ging aus der 1827 gegründeten Concert-Gesellschaft Köln hervor, die zunächst jene Winterkonzerte veranstaltete, aus denen 1857 die »Gürzenich-Konzerte« wurden. Es kann auf eine lange Reihe höchst bedeutender Gürzenich-Kapellmeister zurückblicken: Conradin Kreutzer, Heinrich Dorn, Ferdinand Hiller, Hermann Abendroth und Günter Wand. Große Werke der romantischen Orchestermusik von Brahms, Strauss oder Mahler wurden uraufgeführt; Clara und Robert Schumann, Franz Liszt und Richard Wagner gastierten. Die etwa 150 Musiker sind seit 1986 in der Kölner Philharmonie beheimatet.

1172 wurde St. Alban erstmals erwähnt. Die Kirche wurde im 13. Jahrhundert erbaut, im 15. Jahrhundert gotisch überformt und 1633 um einen Chor erweitert. Im Zweiten Weltkrieg mehrmals von Bomben getroffen und völlig ausgebrannt, wurde sie nach 1945 nicht wiederaufgebaut. Die Ruine dient als Gedenkstätte für die Toten der Weltkriege. Im Erdgeschoss des 1960 wiederhergestellten Turmes befindet sich die St. Bruder-Konrad-Kapelle mit drei farbigen Glasfenstern von Will Thonett (1962). Durch die Gittertore hindurch kann man die von den beiden Mataré-Meisterschülern Joseph Beuys und Erwin Heerich erstellte Kopie der Figurengruppe »Trauerndes Elternpaar« von Käthe Kollwitz sehen. In achtjähriger Arbeit hatte Kollwitz die Gruppe zum Andenken an ihren im Ersten Weltkrieg gefallenen Sohn Peter entworfen.

18 | Gürzenich

Freunde des Karnevals kennen den Gürzenich von der jährlichen Fernsehübertragung einer großen Prunksitzung des Kölner Karnevals; hier wird zudem das traditionelle **Kölner Dreigestirn** proklamiert. Nebenher ist er die wichtigste Veranstaltungs-, Kongress- und Tagungsadresse Kölns. Im Auftrag der Kölner Bürgerschaft ließ die wohlhabende Patrizierfamilie von Gürzenich 1441/47 einen Mehrzweckbau errichten. Die Steine, Siebenbürgener Trachyt, wurden per Schiff auf dem Rhein nach Köln gebracht. Es entstand ein gotischer zweischiffiger Bau mit Zinnen und Eckwarten, in dessen Erdgeschoss sich eine Lager- bzw. Kaufhalle befand. Das erste Geschoss war von vornherein als Fest- und Tanzsaal geplant. Hier wurden Ehrengäste der Stadt empfangen, darunter Kaiser Friedrich III., König Maximilian I., der hier 1505 einen Reichstag abhielt, und Kaiser Karl V. Zwischenzeitlich diente der Gürzenich als Warenhaus, bis er ab 1820 wieder für Bälle und Feste genutzt wurde. Nach den Bombardierungen im Zweiten Weltkrieg blieben nur die Außenmauern erhalten. Nach den Plänen der Architekten Rudolf Schwarz und Karl Band entstand bis 1955 unter Einbeziehung der gotischen Außenmauern, der Ruine von Alt St. Alban und einem zwischen den beiden historischen Baukörpern eingefügten neuen Trakt ein außerordentliches Ensemble. Im Inneren bestechen die großzügige Wandelhalle mit hohen, schlanken Säulen und die geschwungenen Treppen.

Kölner Dreigestirn
Der Karneval ist eine ernste Sache, die gut organisiert sein will. Dazu bedarf es einer klaren Hierarchie. Regenten über das närrische Volk sind: Prinz Karneval, höchster Repräsentant und wichtigste Figur des Rosenmontagszuges; der Bauer, eine deftige Person, die die Befreiung der Stadt von den Erzbischöfen symbolisiert; die Jungfrau, die liebliche Mutter Kölns, die Beschützerin, die aber (außer 1938 und 1939) immer von einem Mann dargestellt wird. Sie bilden das Kölner Dreigestirn, das pro Saison etwa 400 Auftritte zu bewältigen hat und überall enthusiastisch begrüßt wird.

4711

2. Spaziergang

19 | Heumarkt

Sein einstiger Name »Inselmarkt« erinnert daran, dass er sich einst auf einer der Stadt vorgelagerten Rheininsel befand; bis etwa 1250 war er der Markt, »wo Essen verkauft wird«. Dann kam das Heu hinzu, das ihm seinen Namen gab. Einst war er ein langgestreckter Platz, umstanden von prächtigen Häusern. Der Heumarkt diente aber auch als Straf- und Hinrichtungsstätte. Auf ihm standen der Schandstuhl und zu Beginn des 13. Jahrhunderts auch der Galgen. Seit 1822 garantierte hier die hölzerne Schiffsbrücke die Rheinüberquerung. Sie konnte für den Schiffsverkehr geöffnet werden, was zu Beginn vier Mal am Tag geschah, später bis zu 30 Mal täglich. Das war zu viel. Eine neue Brücke wurde 1915 als erste reine Straßenbrücke eröffnet, die Deutzer, später Hindenburgbrücke. Nach Bombentreffern im Februar 1945 stürzte sie mit zahlreichen Passanten ein, wurde 1947/48 wiederaufgebaut und 1976/80 verbreitert. Ihre weiten Auffahrten stören die Geschlossenheit des Heumarktes empfindlich, der zudem mit dem südlich gelegenen Hotel Maritim (Gottfried Böhm) leer und unwirtlich wirkt. Der nördliche Teil lädt mit Freisitzen zum Verweilen ein, wobei noch das eine oder andere erhaltene historische Gebäude betrachtet werden kann. Heumarkt 77, »Zum St. Peter«, das sich 1568 der Ratsherr Peter Therlaen van Lennep errichten ließ, ist ein rundum elegantes Gebäude mit eng gereihten Kreuzstockfenstern und einem dreizonigen Volutengiebel. Auf römischen Fundamenten wurde das Haus Nr. 62 erbaut, in dem seit 1973 die »Brauerei Pfaffen« köstliches Bier nach eigener Rezeptur braut und ausschenkt.

Historisches Archiv
Heute noch gähnt hier eine große Baulücke: In der Severinstraße 222–228 stürzte am 3. März 2009 um 13.58 Uhr der über 30 Jahre alte und zur Eröffnungszeit als wegweisend geltende Bau des Historischen Archivs der Stadt Köln ein. Als Grund wurden Mängel beim Bau des darunterliegenden U-Bahn-Tunnels erkannt. Zwei Menschen in benachbarten Häusern kamen zu Tode, und mehr als 90 % des Archivgutes wurden verschüttet und versanken z. T. im Grundwasser. Die Verluste sind unersetzlich. Die Restaurierung des geborgenen Archivgutes wird noch lange andauern. Im September 2021 bezog das Historische Archiv einen Neubau Am Eifelwall 5.

20 | Reiterdenkmal Friedrich Wilhelm III.

1815 war man im katholischen Köln nicht gerade glücklich, dass man von nun an zum protestantischen Preußen gehören sollte. Gut, man war von Napoleon befreit worden, aber so unzufrieden war man mit dem Code Civil

gar nicht gewesen. Deshalb ein Reiterdenkmal für den preußischen König? Verschiedenen Aufrufen schenkte man einfach kein Gehör, Ausschreibungsverfahren versandeten. Erst 1864 erfolgte die Auftragsvergabe an zwei Bildhauer, Blaeser und Schievelbein, die aber noch vor der Fertigstellung verstarben. 1878 konnte das Denkmal unter den Augen des deutschen Kaisers Wilhelm I. enthüllt werden. Nun galt die Figur, die da geehrt werden sollte, als nicht gerade reformfreudig und wehrhaft, und es war eigentlich eine Frechheit, zwölf Persönlichkeiten, die die preußischen Reformen vorangetrieben und in den Befreiungskriegen – auch ohne königlichen Befehl – gegen Napoleon gekämpft hatten, am Sockel anzubringen: Hardenberg, Stein, die Brüder Humboldt, Gneisenau, Arndt usw. Nach Zerstörungen im Zweiten Weltkrieg wurden die meisten Teile des Denkmals eingeschmolzen, einzig die Sockelplastiken der Gebrüder Humboldt, Friedrich Wilhelms Kopf und die Kruppe des Pferdes blieben erhalten. Die »Fott vum Pääd« prangten eine Weile an der Rampe der Deutzer Brücke, bis das gesamte Denkmal wiederaufgebaut und bis 2009 generalüberholt wurde.

Hans Mayer
1907–2001, Literaturwissenschaftler. Eigentlich hatte der in Köln geborene Mayer Jura und Philosophie studiert. Als Sozialist und Herausgeber des Blättchens »Der Rote Kämpfer« tauchte er 1933 unter und floh über Frankreich in die Schweiz. Nach 1945 Chefredakteur von Radio Frankfurt, folgte er 1948 einem Ruf an die Leipziger Universität als Professor für die Geschichte der deutschen Literatur. Legendär sind seine Vorlesungen im berühmten Hörsaal 40. 1963 kehrte er der DDR den Rücken, erhielt einen Lehrstuhl an der Technischen Hochschule in Hannover und starb hochbetagt und beinahe blind in Tübingen. Köln blieb er immer verbunden, auch wenn er meinte: »Meister der Weltliteratur hat Köln nicht hervorgebracht. Nur zu oft verflog sich der Genius beim Anflug.«

21 | Overstolzenhaus

Über das Börsengäßchen, vorbei am Brauhaus zur Malzmühle, gelangt man zum Overstolzenhaus, dem ältesten und letzten romanischen Profanbau der Stadt aus dem 13. Jahrhundert (Rheingasse 8). Errichten ließ es sich um 1230 eines der reichsten und mächtigsten Patriziergeschlechter der Stadt, die Familie Overstolz. Nach vielen Eigentümerwechseln erwarb es 1838 die Stadt und beauftragte den Stadtbaumeister Johann Peter Weyer, nach der französischen Herrschaft verantwortlich für die umfassende Neugestaltung der Altstadt, mit der Rekonstruktion. Über 19 Meter hoch und 14 Meter breit erstreckt sich die Fassade, hinter der Keller, zwei Wohngeschosse und vier Speichergeschosse liegen. Krönender Abschluss ist der imposante vierstufige Treppengiebel. Hinter den fünf glaslosen Fensterarkaden liegt ein großer Festsaal. Heute residiert hier die Medienbibliothek der Kunsthochschule für Medien Köln.

22 | St. Maria in Lyskirchen

9–18 Uhr

Die Kirche St. Maria in Lyskirchen ist die kleinste der zwölf romanischen Kirchen in der Kölner Innenstadt. Ausgrabungen ergaben, dass das Areal schon in römischer Zeit genutzt worden ist, ein erstes Gotteshaus soll bereits im 4. Jahrhundert vom ersten namentlich bekannten Bischof Kölns, Maternus (gest. um 328), gegründet worden sein. Ihre erste Erwähnung in Urkunden fand sie 948. Wahrscheinlich stand hier eine Kapelle, deren Besitzer den Namen Lisolvus trug. Das aber ist erst für das 12. Jahrhundert verbürgt. Die heute vorhandene Kirche wurde im 13. Jahrhundert errichtet – eine dreischiffige Emporenbasilika mit einer Chorfront, die ursprünglich zwei Türme tragen sollte, deren südlicher Turm aber entweder eingestürzt ist oder gar nicht gebaut wurde. Im 17. Jahrhundert wurde die halbrunde Chorapsis in gotischen Formen angesetzt, zusätzlich strich man die Wände weiß. 1879/81 legte man die glücklicherweise erhalten gebliebenen Decken- und Wandmalereien wieder frei. Im Zweiten Weltkrieg zerstörten Bomben die Dächer der Kirche, aber in ihrer Substanz blieb sie erhalten.

Der Eintritt erfolgt durch das Portal in der Westfassade. Über dem Türsturz kann man ein Datum erkennen: 28. Februar 1784. An diesem Tag erreichte der Rhein beim Jahrtausend-Eishochwasser seinen mit 13,84 Metern bis heute höchsten Pegelstand. Im Inneren oberhalb des Windfangs prangt die wohl älteste Wandmalerei der Kirche, die Madonna mit dem Kind im Tympanon in einer Darstellung der Anbetung der Heiligen Drei Könige (um 1230).

Der ganze Innenraum erhält durch die farbenprächtigen Gewölbe- und Wandmalereien ein geradezu märchenhaftes Aussehen. Die Fresken auf den Gewölbefeldern des Mittelschiffes sind klar getrennt – den Szenen aus dem Neuen Testament auf der Südhälfte wurden auf der Nordhälfte Darstellungen aus dem Alten Testament gegenübergestellt. Schriftbänder erläutern das Geschehen, das in den Zwickeln von Heiligen (Südhälfte) und Propheten (Nordhälfte) begleitet wird. In der südlichen Turmkapelle ist die Lebensgeschichte des Hl. Nikolaus dargestellt, die nördliche zeigt die Katharinenlegende.

Karl Marx
1818–1883, Philosoph, Ökonom und Gesellschaftstheoretiker. Nach Studien in Bonn und Berlin zog Marx nach Paris, wo er Wilhelm Weitlings »Bund der Gerechten« beitrat, den er später in »Bund der Kommunisten« umbenannte. Nach Ausbruch der Märzrevolution 1848 ging er, bereits seit 1842 Chefredakteur der »Rheinischen Zeitung«, nach Köln. Hier gründete er am 1. Juni 1848 gemeinsam mit Friedrich Engels die »Neue Rheinische Zeitung«, die nach dem Scheitern der Revolution verboten wurde. Marx musste Köln verlassen. Die schöne Geschichte, er habe am 6. Mai 1849 im Gürzenich vor dem Kongress der Arbeitervereine das »Kommunistische Manifest« verkündet, stimmt leider nicht. Seine Statue steht am Rathausturm, an der Südseite des zweiten Geschosses.

Schiffermadonna

Alle Malereien entstanden in der Mitte und der zweiten Hälfte des 13. Jahrhunderts und werden wegen ihrer eckigen Falten dem Zackenstil zugeordnet.

An der Westseite des nördlichen Seitenschiffes steht eine hölzerne Madonna (um 1430). Sie gehört zu den »Schönen Madonnen« des Weichen Stils, kam 1817 aus Walberberg in die Kirche und stand einst außen am Chor, um von den vorbeikommenden Fischern und Schiffern gesehen werden zu können, weshalb sie auch Schiffermadonna genannt wird. Interessant ist auch das Fresko hinter der Madonna von Peter Hecker (1930). Beachten sollte man die hinreißende Madonna mit dem Kind vor der nordwestlichen Säule des Chorquadrates. Sie wurde um 1330/40 in Köln gefertigt und gehörte zu einem Altar, der nicht erhalten ist. 1885 kam sie als Geschenk in die Kirche und wird wegen des Vögelchens auch Stieglitzmadonna genannt. Der Stieglitz heißt auch Distelfink und verweist mit seiner Vorliebe für Disteln und seinem blutroten Kopf in der christlichen Ikonografie auf die zukünftigen Leiden Christi und die Dornenkrone.

In St. Maria in Lyskirchen erklingt auf der um 1750 erbauten Empore eine Orgel der Kevelaer Firma Romanus Seifert & Sohn mit 20 Registern, verteilt auf zwei Manuale und Pedal (1957).

Malakoffturm

23 | Rheinauhafen

Einst auf der Rheinau oder Werthchen genannten Insel gelegen, wurde hier im 19. Jahrhundert ein vor Eisgang geschützter hochmoderner Hafen geschaffen. Große Lagerhäuser, Anbindung an das Schienennetz, hydraulisch betriebene Hafenkräne – all das sollte an die großen Zeiten knüpfen, in denen Köln ein geachtetes Mitglied der Hanse gewesen war. Durch den Ausbau der anderen fünf Rheinhäfen verlor der Rheinauhafen seit den 1950er Jahren seine Bedeutung und wurde seit 1976 zu einem städtebaulich ambitionierten, noblen Wohn-, Freizeit- und Geschäftsviertel umfunktioniert. 2012 wurde die letzte Sanierung des Rheinauhafens mit seinem eindrucksvollen Wechsel von historischen und modernen Gebäuden abgeschlossen. Unter dem Hafen liegt Europas längste Tiefgarage mit 1,6 Kilometern Länge, 41 000 Quadratmetern Fläche und 1400 Stellplätzen, die bis zu einem Pegelstand von 11,30 Meter als hochwassersicher gilt. Der Zugang auf die Insel erfolgt über eine alte Drehbrücke, deren Antrieb sich im benachbarten Malakoffturm von 1855 verbirgt. Als eines der ersten Kunstwerke im Kölner öffentlichen Raum wurde die Skulptur »Der Tauzieher« (Nikolaus Friedrich, 1911) 1980 unter Denkmalschutz gestellt.

Die **Senfmühle** am Holzmarkt stammt aus dem 18. Jahrhundert und ist damit eine der ältesten erhaltenen ihrer Art in Europa. 2009 konnte sie nach einer gründlichen Restaurierung wieder in Betrieb genommen werden und produziert feinsten kaltgemahlenen Gourmet-Senf. Unter fachkundiger Führung kann man die Produktion des Senfes kennenlernen, allerlei Wissenswertes über das feine Gewürz erfahren und selbstverständlich auch probieren und kaufen (Holzmarkt 79–83, Mo–So 10–18 Uhr).

24 | Schokoladenmuseum Lindt

10–18 Uhr

Der Traum aller Naschkatzen wird wahr: ein Schokolade sprudelnder Brunnen! Ihn träumte einst auch Hans Imhoff (1922–2007). Der Sohn eines Schlossermeisters aus Köln aß für sein Leben gern Schokolade, und so war es nicht verwunderlich, dass er 1972 die am Boden liegende Schokoladenfabrik Stollwerck in Köln übernahm und sanierte. Den Traum des Schokoladenbrunnens erfüllte er sich 1993 mit der Gründung des Museums. Verschmolzen mit dem ehemaligen Hauptzollamt entstand unter Leitung des Architekten Fritz Eller ein großzügiger moderner Bau, der aussieht wie ein Schiff und über 4000 Quadratmeter Ausstellungsfläche bietet. Seit 2002 ist der Schweizer Chocolatier Lindt & Sprüngli Hauptsponsor des von den Imhoff-Töchtern geführten Museums. Anhand von Schautafeln, Fotos, Exponaten und Produktionsmaschinen erfahren Besucher beinahe alles über die Herstellung der Schokolade und zudem, wie und wo der dafür erforderliche Kakao angebaut und geerntet wird. Darüber hinaus informiert die Ausstellung über die Geschichte des Schokoladengenusses. Und selbstverständlich darf der Besucher am vergoldeten Schokoladenbrunnen kosten. 200 Kilogramm Schokolade sprudeln dort, immerzu!

25 | Deutsches Sport & Olympia Museum

Di–So 10–18 Uhr

Das Museum wurde 1999 in einer alten Zollhalle von 1896 eröffnet. Die Idee dazu bestand schon seit den Olympischen Spielen 1972, aber es dauerte noch lange, bis sich ein Verein gründete, der die Unterstützung des Deutschen Olympischen Sportbundes (DOSB) erhielt. Nun kann man anhand von über 2000 Exponaten und Installationen, Modellen, Filmen nicht nur die Geschichte des Sports von der Antike bis zur Gegenwart nachvollziehen, nationale und internationale Rekorde bewundern, sondern auch verschiedene Sportarten ausprobieren. Zum Austoben eignen sich, neben Tischkicker und Torwandschießen, auch die beiden Sportplätze auf dem Dach, wo man Fußball oder Basketball spielen oder einfach die spektakuläre Aussicht genießen kann.

26 | Kranhäuser

Mehrfach prämiert wurden die drei 2008/10 von dem Aachener Architekten Alfons Linster und dem Hamburger Architekturbüro Bothe Richter Teherani (BRT) entworfenen Kranhäuser. Eine Entwurfsidee des russischen Avantgarde-Künstlers El Lissitzky von 1924/25 für den Ring um Moskau stand Pate für die drei Kölner Kranhäuser. Wolkenbügel nannte sie der Künstler, dessen Entwurf aus finanziellen Gründen nie ausgeführt wurde. Er hatte sich vom amerikanischen Hochhaustyp zu einem Gebäude inspirieren lassen, das wie ein auf den Kopf gestelltes L aussieht. Das Kölner Gebäudeensemble ist eine freie Interpretationen der El Lissitzkyschen Kranhäuser. Ihre Arme kragen bis an den Rhein und lassen dabei die Assoziation historischer Ladekräne entstehen. Ihre Tragstruktur besteht aus Stahlbeton mit vorgespanntem Brückengeschoss.

Die Kranhäuser Süd und Mitte sind reine Bürohochhäuser mit 15 Etagen; das Kranhaus Nord trägt den Namen »Pandion Vista« und birgt 133 luxuriöse Eigentumswohnungen auf 18 Etagen mit Blick auf den Rhein.

27 | St. Maria im Kapitol

Mo–Sa 9–18 Uhr

Bereits ihr Name weist auf die römische Vergangenheit des Standortes. Hier stand ein Tempel, geweiht den kapitolinischen Gottheiten Jupiter, Juno und Minerva, auf dessen Resten im 7. Jahrhundert die Gemahlin des merowingischen Hausmeiers Pippin, **Plektrudis**, ein Damenstift mit Kirche gründete. Ein Neubau entstand wahrscheinlich unter dem ersten Erzbischof Kölns, Bruno I., dem Bruder Kaiser Ottos I., der im 10. Jahrhundert ein Benediktinerinnenkloster begründete. Einen weiteren Neubau veranlassten Mitte des 11. Jahrhunderts Erzbischof Heriman II. und seine Schwester, Äbtissin Ida. Davon erhalten sind das Langhaus in den Formen einer Basilika, schmale gewölbte Seitenschiffe, die Hallenkrypta und der Dreikonchenchor, um den sich die Seitenschiffe herumziehen. Als »Gründungsbau der rheinischen Romanik« war St. Maria im Kapitol wegweisend für den romanischen Baustil und diente als Vorbild für viele weitere Kirchen – sowohl in Köln als auch weit darüber hinaus. Bei einer ersten Weihe 1049 waren Papst Leo IX. und Kaiser Heinrich III. anwesend, was die Bedeutung des Baues

Plektrudis

Vor 660 – um 725, Stifterin. Sie entstammte einem einflussreichen Geschlecht im austrasischen Teil des Fränkischen Reiches, der etwa von der belgischen Küste bis nach Thüringen reichte. Gemeinsam mit ihrem Gatten Pippin machte sie großzügige Schenkungen an Kirchen und Klöster. Vor 717 stiftete sie St. Maria im Kapitol, und dem englischen Missionar Suitbert schenkte sie eine Rheininsel, auf der er das Kloster Kaiserswerth (heute Stadtteil von Düsseldorf) gründete. Nach dem Tode Pippins 714 setzte sie alles daran, Karl Martell, den Sohn von Pippins Geliebter, zugunsten ihrer Enkel zu entmachten. Nach ihrem Tod in Köln wurde sie als Heilige verehrt.

unterstrich. Seit der Schlacht bei Worringen 1288, als sich Köln von seinem Stadtherrn, dem Erzbischof, freimachte, fungierte St. Maria im Kapitol als Stadtkirche: hier wurden die Bürgermeister eingeführt und offizielle Trauerfeierlichkeiten für hohe Personen des Reichs abgehalten.

Seit 1942 war die Kirche wiederholt Opfer von Bombenangriffen, die besonders den östlichen Teil betrafen. Nach Sicherungsmaßnahmen und der Errichtung einer Notkirche setzten 1955 umfangreiche Wiederaufbauarbeiten nach einem von der Erzdiözese ausgerufenen Wettbewerb ein. Es stellte sich die Frage nach einer Rekonstruktion oder dem Bewahren der Ruine als Mahnmal. Erstrebt wurde die Rückgewinnung des originalen Bauzustandes des 11. Jahrhunderts, mit einem neugebauten Dreikonchenchor und der im 20. Jahrhundert beliebten Steinsichtigkeit. 1984 war der Wiederaufbau vollendet.

Als eine sich auswölbende Gesteinsmasse erscheint St. Maria im Kapitol auf den ersten Blick, die sich aber beim genaueren Hinschauen als feinsinnig gestaltete und klar gegliederte architektonische Einheit erweist, die pflanzengleich aus sich herauswächst. Vorbei an den zwei Löwen (1875) gelangt man ins Innere, in dem Langhaus und der auf gleicher Höhe liegende Chor harmonisch zusammengefügt sind. Ein mächtiger Renaissancelettner (1517/23) grenzt den Altarraum vom Kirchenschiff ab. Der Aufbau besteht aus schwarzem Marmor, jeglicher Bauschmuck aus Kalkstein. Auf ihm thront die 1991 von der Bonner Orgelbaufirma Johannes Klais gebaute Orgel mit 35 Registern auf drei Manualen und Pedal.

Beim Rundgang im nördlichen Seitenschiff kommt man zunächst zu einem der älteren Ausstattungsstücke, einer auf dem Thron sitzenden Madonna mit gekröntem Kind und einem Löwen zu ihren Füßen. Ursprünglich stand sie außerhalb des Chores, hoch oben in einer Nische, was ihre verwitterte Oberfläche erklärt. Nun, aus der Nähe betrachtet, wirkt sie fremd und archaisch. Wahrscheinlich entstand sie nach 1200. Nur wenige Schritte weiter stößt man auf die um 1170 geschaffene Grabplatte der Plektrudis. Die romanische Steinfigur zeigt die Kirchengründerin als Heilige, die hölzerne Kartusche ist von 1761. Am Lettner erblickt man die 1,80 Meter hohe Limburger Madonna (um 1300), eine aus dem Kloster Limburg an der Haardt stammende

Oben: Thronende Madonna mit Kind
Links: Renaissance-Lettner mit Orgel

Holzskulptur. Der Apfel in ihrer Hand, ein gängiges ikonographisches Motiv, deutet sie als »neue Eva«.

Im Umgang um den Chor sollte man dem 1594 von Heinrich Wickrath gegossenen bronzenen Taufbecken mit der Figurengruppe des Hl. Martins, das aus Klein St. Martin stammt, dem Gabelkreuz vom Anfang des 14. Jahrhunderts, dem frühesten Kölner Beispiel eines Crucifixus dolorosus, das die Schmerzen Christi auf eindringliche Weise darstellt, und dem Sakramentshaus aus der 1. Hälfte des 14. Jahrhunderts Beachtung schenken.

Im südlichen Seitenschiff gelangt man zur Grabplatte der Äbtissin **Ida**, die erst nach 1870 für die Krypta geschaffen wurde. An der westlichen Wand steht man zwei fast fünf Meter hohen, durch ein Gitter gesicherten, hölzernen, ursprünglich farbig gestalteten Türflügeln gegenüber. Sie wurden vor 1065 geschnitzt und zeigen in 26 Reliefbildern das Leben Jesu von der Verkündigung bis hin zur Ausgießung des Heiligen Geistes. Wenngleich grob geschnitzt, so zeigen die Figuren doch höchst ausdrucksvolle Mienen. Nach Betrachtung des Walknochen-Ensembles, in Köln »Zint Mergens Repp« genannt, kann man noch der gotischen Reliefplatte der Plektrudis einen Blick schenken. Um 1280/90 entstanden und farbig gefasst, stellte sie einst ein zusätzliches Epitaph dar. Plektrudis hält ein Modell der Kirche mit dem typischen Kleeblattchor in der Hand, der sogar noch den zweimal eingestürzten und nicht wieder aufgebauten Vierungsturm aufweist. Südlich des Lettners kann man zur Krypta herabsteigen, nach der im Dom zu Speyer zweitgrößten in Deutschland.

Ein musikalischer Höhepunkt ist in jedem Frühsommer das seit über 35 Jahren in Köln stattfindende Musikfestival »Romanischer Sommer«, in dem die ganz besondere Akustik der Kirche ihre Wirkung entfalten kann.

Im Lichhof, der Name geht auf seine frühere Funktion als Leichenhof zurück, ist im Süden das Dreikönigenpförtchen mit der Kopie der Figurengruppe der Heiligen Drei Könige (Anfang 14. Jahrhundert) zu sehen. Durch das ehemalige Immunitätstor sollen 1164 die Gebeine von Caspar, Balthasar und Melchior in die Stadt gebracht worden sein. Im Lichhof hat »Die Trauernde« von Gerhard Marcks (1949) zum Gedenken an die Opfer des Zweiten Weltkrieges einen prominenten Standort gefunden.

Ida
Vor 1025–1060, Äbtissin. Die Enkelin Kaiser Ottos II. und Kaiserin Theophanus wurde zunächst im Kloster Gandersheim erzogen. Nach mehreren politisch bedingten Umzügen erhielt sie nach 1031 ihre Weihe als Äbtissin des Marienklosters in Gandersheim. Zusätzlich übernahm sie die Leitung des Klosters St. Maria im Kapitol, wo sie starb und beerdigt wurde. Sie gilt als eine der mächtigsten Frauen des mittelalterlichen Kölns und eine der bedeutendsten Stifterinnen. Auch der 274 Pergamentblätter umfassende Gerresheimer Kodex (»Hidda-Kodex«) geht auf ihre Förderung zurück. Eine Ida-Statue ziert den Turm des Kölner Rathauses.

Oben: »Die Trauernde« von Gerhard Marcks
Links: Ostkonche mit spätgotischen Chorschranken

Antoniusfeuer
Die im Mittelalter wie die Pest gefürchtete Krankheit ging mit brennenden Schmerzen und Verstümmelungen der Extremitäten einher. Erst im 17. Jahrhundert erkannten französische Mediziner, dass es sich dabei um eine Vergiftung mit Mutterkorn, einem Pilz an Getreide und besonders an Roggen, handelt. An Mutterkorn-Epidemien starben im 9. und 10. Jahrhundert Zehntausende. Als Antoniusfeuer bezeichnete man die Krankheit, weil es der Hl. Antonius der Große (251–356) war, den man um Heilung anrief. Er hatte als Eremit in der Wüste gelebt und war für Wunderheilungen berühmt gewesen.

28 | Antoniterkirche

1260 erhielten die Sacchetti, der Orden der Sackbrüder, Grund und Boden geschenkt, um eine Kirche zu errichten. Nach der Auflösung des Ordens ging das Grundstück an die Antoniter über, einen Orden, der sich in erster Linie mit der Pflege der am **Antoniusfeuer** Erkrankten verdient machte. Sie kauften Land dazu, richteten ein Kloster ein und erbauten eine neue Kirche, die 1348 geweiht wurde. Nach der Säkularisation 1794 verwaiste die Kirche, bis sie 1802 die Kölner Protestanten erhielten, die ihre Gottesdienste und den Unterricht bisher entweder geheim oder auf einem Rheinschiff abgehalten hatten.

Die kleine dreischiffige gotische Basilika ist gemäß den Bauregeln der Bettelorden schlicht und bescheiden, verfügt aber über ein außergewöhnlich fein gearbeitetes Kreuzrippengewölbe, einen romanischen Taufstein aus dem 12. Jahrhundert und drei Kunstwerke von Ernst Barlach. Im nördlichen Seitenschiff hängt »Der Schwebende« (auch »Schwebender Engel«), der, unverkennbar mit den Gesichtszügen von Käthe Kollwitz versehen, 1927 als Mahnmal gegen den Krieg für den Dom in Güstrow gegossen und 1937 als »entartete Kunst« entfernt und eingeschmolzen wurde. Glücklicherweise hatte sich aber ein Zweitguss erhalten, der, bis 1945 in der Lüneburger Heide versteckt, in Köln als Vorlage für einen Neuguss dienen konnte. Von dem Kölner Exemplar wurde 1952 ein dritter Guss für den Güstrower Dom angefertigt, sodass »Der Schwebende« im Jahr darauf auch in Barlachs Wahlheimat Güstrow zurückkehren konnte. 2011 kamen noch der »Lehrende Christus« und das Kruzifix II in die Antoniterkirche.

»Der Schwebende« von Ernst Barlach

29 | Weltstadthaus

In Köln wird es Walfisch genannt, und tatsächlich erinnert das nach Plänen des italienischen Architekten und Industriedesigners Renzo Piano errichtete und 2005 eröffnete Weltstadthaus an einen gestrandeten Walfisch. Fünftes Weltstadthaus nennt es sein Besitzer, der Modekonzern Peek & Cloppenburg. Der fünfgeschossige Stahlskelettbau ist mit einer filigranen Glashaut umschlossen. Die Glasfassade misst 4900 Quadratmeter, ist aus 6800 Scheiben und Holzlamellen aus sibirischer Lärche konstruiert und im vierten Obergeschoss mittels Konsolen aufgesetzt. Die westliche Fassade ist mit Naturstein verkleidet.

30 | Rautenstrauch-Joest-Museum

Di–So 10–18 Uhr, Do 10–20 Uhr, 1. Do im Monat 10–22 Uhr

Das Rautenstrauch-Joest-Museum ist eines der wichtigen ethnologischen Museen Deutschlands, hervorgegangen aus der Privatsammlung des Zuckerfabrikanten und Weltreisenden Wilhelm Joest (1852–1897), die er seiner Schwester Adele Rautenstrauch vererbte. Sie schenkte sie wiederum 1899 der Stadt Köln und finanzierte den Bau eines Museums, das 1906 eröffnet wurde. Nach einem Bombentreffer wurde das Museum geschlossen und erst 1967 wiedereröffnet. 2010 entstand mit dem Kulturquartier Neumarkt ein Museumskomplex des Architekturbüros Schneider+Sendelbach. Drei opulente Backsteinriegel mit wandhohen Glasflächen beherbergen neben dem RJM das Museum Schnütgen (siehe Nr. 31) sowie einen verglasten Eingangsbereich.

Wie wohnt und arbeitet man in anderen Kulturen? Wie lebt es sich in einem Tipi, und warum tragen Maori Tätowierungen? Diese und andere Fragen werden auf über 3600 Quadratmetern Ausstellungsfläche anhand von spektakulären Objekten beantwortet, deren erstes den Besucher bereits im Eingangsbereich erwartet: ein in den 1930er Jahren in Indonesien gefertigter gigantischer Reisspeicher, bei dessen Betrachtung der Besucher von der Musik eines Gamelans, eines aus Gongs und Metallofonen bestehenden Musikensembles, umspielt wird. Neben multimedialer und interaktiver Technik prägen bedeutende Kollektionen aus Süd- und Ostasien, Afrika, Ozeanien, dem Vorderen Orient und den Hochkulturen Mittel- und Südamerikas die Präsentation, die in erster Linie Verständigungsort zu sein beansprucht.

Selbstverständlich widmet sich das Museum entschieden der Provenienz seiner Sammlungsobjekte, indem es in einen transkulturellen Dialog mit Experten aus den Herkunftsländern tritt, Brücken bauen hilft und bereits in der Ausstellungskonzeption nicht in Regionen trennt, sondern in einzelne Themenfelder.

Unweit des Rautenstrauch-Joest-Museums liegt die 1512 errichtete spätgotische Kirche St. Peter, heute mit wechselnden Ausstellungen die Kunst-Station St. Peter (Di–Fr 10–12 Uhr).

Peter Paul Rubens in Köln
St. Peter ist die Taufkirche des flämischen Malers Peter Paul Rubens (1577–1640). Die aus dem niederländischen Antwerpen stammende calvinistische Familie musste fliehen und fand in Köln Asyl und ein gutes Auskommen. Elf Jahre seiner Kindheit verbrachte Rubens in Köln. Der Vater starb und wurde in St. Peter beigesetzt, während die Familie nach Antwerpen zurückzog. Für die Pfarrkirche seiner Kindheit und im Auftrag des Kaufmanns Eberhard IV. von Jabach malte Rubens »Die Kreuzigung Petri«, seit 1642 in St. Peter zu besichtigen.

31 | Museum Schnütgen

Di–So 10–18 Uhr, Do 10–20 Uhr, 1. Do im Monat 10–22 Uhr

Einer der bekanntesten Streetart-Künstler, **Harald Naegeli** (geb. 1939), auch der »Sprayer von Zürich« genannt, wurde wegen wiederholter Sachbeschädigung in Zürich verfolgt und floh 1979 nach Düsseldorf und Köln. In Köln sprayte er in den folgenden zwei Jahren nachts zahllose seiner Strichmännchen, die heute als »Kölner Totentanz« bekannt sind und von denen nur noch wenige erhalten sind (eines am Westportal der Cäcilienkirche). Naegeli, 2020 mit dem Kunstpreis der Stadt Zürich ausgezeichnet, schenkte dem Museum Schnütgen 2018 seine Arbeiten auf Papier.

Architektonisch eindrucksvoll ist das Museum Schnütgen, das sich aus drei Baukörpern zusammensetzt: dem Neubau von 2010, der durch einen glasverkleideten Baukörper mit dem 1956 eröffneten Museumsbau von Karl Band und der romanischen Basilika St. Cäcilien verbunden ist. Die Kirche wurde im 12. Jahrhundert für ein adeliges Damenstift auf dem ehemaligen Areal einer römischen Therme errichtet und nach der Zerstörung im Zweiten Weltkrieg als Ausstellungsraum des Museums wiederaufgebaut.

Die Sammlung des Museums ging aus der 6500 Objekte umfassenden Schenkung des Domkapitulars Alexander Schnütgen (1843–1918) hervor, der bereits als junger Domvikar nach der Säkularisation dem Verfall preisgegebene sakrale Kunstwerke rettete und aufkaufte. Heute umfasst die Sammlung mehr als 13 000 Exponate, darunter romanische und gotische Skulpturen aus Holz oder Stein, fein gearbeitete Elfenbeinschnitzereien, liturgische Gewänder, Tafelmalerei und Schätze aus der Goldschmiedekunst. Außergewöhnlich ist die Präsentation im Kirchenschiff und auf den Emporen der Cäcilienkirche, die die Schönheit und Aura der Objekte hervorhebt. Es bedarf keiner umfassenden religionsgeschichtlichen oder ikonographischen Kenntnisse, um sich von den kostbaren Objekten einfangen und beeindrucken zu lassen. Gerade die zahlreich vorhandenen Skulpturen vermögen es mit ihrer Haltung, Mimik und Gestik, den Betrachter tief in die Gefühlswelt der Dargestellten eintauchen zu lassen. Die bildliche Umsetzung von Emotionen war neben Gebet und Kirchengesang eine wichtige Säule des Glaubens. Das kann man besonders gut an den Kruzifixen aus verschiedenen Epochen – von den romanischen Viernagelkreuzen aus dem 12. Jahrhundert hin zur spätmittelalterlichen Darstellung des Schmerzes am Crucifixus dolorosus – nachvollziehen.

Torso des St.-Georg-Kruzifixus

32 | Römisch-Germanisches Museum

Mi–Mo 10–18 Uhr, 1. Do im Monat 10–22 Uhr

Noch bis 2028 wird wahrscheinlich am ursprünglichen Museumsgebäude am Roncalliplatz gebaut werden. Bis dahin hat das Museum ein Quartier im Belgischen

Dionysos-Mosaik
Beim Bau eines Luftschutzkellers entdeckte man 1941 das aus etwa 1,5 Millionen neun Millimeter dicken Steinchen zusammengesetzte, rund 70 Quadratmeter große Mosaik. Es bildete wohl den Fußboden des Festsaals einer prächtigen römischen Villa, die ein rechteckiges Peristyl umschloss. Ursprünglich um 50 n. Chr. errichtet, erfuhr sie vermutlich um 230 n. Chr. größere bauliche Veränderungen. Im Zentrum des Mosaiks stützt sich der Wein- und Fruchtbarkeitsgott Dionysos trunken auf einen Satyr. Um ihn herum sind geometrisch Medaillons und Achtecke mit wilden Tieren und nackten Frauen gruppiert.

Haus in der Cäcilienstraße 46 gefunden, das 1950 als erstes ausländisches Kulturinstitut der Bundesrepublik eröffnet wurde. Das Museum ging aus der Fusion der einstigen Römischen und Germanischen Sammlung des Wallraf-Richartz-Museums mit der des Museums für Vor- und Frühgeschichte hervor. Am Roncalliplatz entstand dafür in siebenjähriger Bauzeit bis 1974 ein fensterloser Kubus nach Plänen der Architekten Heinz Röcke und Klaus Renner, mit einem großzügig verglasten Erdgeschoss, das zwei der wichtigsten Fundstücke, das **Dionysos-Mosaik** und das Poblicius-Monument, von außen sichtbar machte. Zur Sammlung des Römisch-Germanischen Museums, bestehend aus archäologischen Funden aus der römischen und fränkischen Epoche der Stadt, zählen bedeutende Glas- und Schmuckfunde, Alltagsgegenstände, Spielzeug, Zeugnisse des römischen Totenkults, Münzen und vieles andere.

33 | Neumarkt

Als größter der bald 30 Plätze Kölns liegt der Neumarkt direkt auf der Mittelachse der einstigen römischen Siedlung. Im 11. Jahrhundert angelegt als »novo mercato«,

stellte er eine Erweiterung der einstigen Stadt über ihre westliche Stadtmauer hinaus dar. Zunächst nutzte man ihn als Viehmarkt, Hinrichtungsstätte und Festplatz. Nach 1815, als Köln zur Preußischen Rheinprovinz gehörte, exerzierten hier die preußischen Soldaten den Stechschritt – worauf die Kölner antworteten, indem sie den Rosenmontagszug über den Platz führen ließen. Aber auch das erste stationäre Theater Kölns befand sich hier. In bescheidener Gemütlichkeit erlebten die Kölner am 19. Mai 1768 die Oper »La serva padrona« von Pergolesi, in Szene gesetzt von der Theatertruppe des Johann Joseph Felix Edler von Kurz. Der junge Jacques Offenbach bestritt 1830 mit zwei seiner Geschwister das musikalische Abendprogramm in der Gastwirtschaft Jeandre im Gymnicher Hof (Neumarkt 3). Hier findet man heute das berühmte Kölner Auktionshaus Lempertz. Das Gebäude, das nach Kriegsschäden wieder rekonstruiert wurde, entstand 1933/34 nach Plänen des jüdischen Architekten Manfred Faber. In der Buchhandlung Lempertz begann der junge Heinrich Böll 1937 eine Lehre als Buchhändler. Vom Schalk der Kölner zeugt die zehn Meter hohe Eistüte »Dropped cone« der Pop-Art Künstler Claes Oldenburg und Cossje van Bruggen an der Neumarkt-Galerie.

34 | Richmodisturm

Zu Beginn des 16. Jahrhunderts entstand an dieser Stelle ein prächtiger dreiflügeliger Palast mit einem hohen achteckigen Turm und einer eigenen Kapelle, der als Residenz der Kaiser dienen sollte. Tatsächlich übernachteten hier Karl V. und Ferdinand I., wenn sie nach Köln kamen. Spätestens 1687 sind die beiden Pferdeköpfe am Turm bezeugt, die auf die mit dem Anwesen verbundene Richmodis-Sage hinweisen. Im 18. Jahrhundert fanden größere bauliche Veränderungen statt. Eine Bronzetafel weist darauf hin, dass hier der Komponist Max Bruch (1838–1920) zur Welt kam. 1928 wurden Haus und Turm niedergelegt und ein neuer Komplex unter Beibehaltung der ursprünglichen Fassade und des Turmes errichtet. Nach dem Zweiten Weltkrieg erfolgte der Wiederaufbau, die heutigen Pferdeköpfe stammen von dem Bildhauer Wilhelm Müller-Maus (1958).

Richmodis-Sage
Als im 14. Jahrhundert in Köln die Pest wütete, erkrankte auch Richmodis, die Gattin des Adeligen Mennegin von Anducht, und verstarb. Da man eine Ansteckung befürchtete, wurde die Verstorbene ohne Totenwache und Seelenamt in St. Aposteln beigesetzt. Kurz darauf öffneten nachts die Totengräber die Gruft, um die kostbaren Grabbeigaben zu rauben. Richmodis entstieg dem Grab, ging zu ihrem Wohnhaus und klopfte. Diener öffneten, eilten zum Witwer, um ihn zu wecken und aufzuklären, was der Tumult solle. Dieser erklärte, eher würden seine beiden Pferde die Treppe hinauflaufen, als dass eine Tote auferstehen könne. Im gleichen Moment polterten die Pferde die Treppe zum Turm hoch, und unter Tränen erkannte der Mann seine Gemahlin.

35 | Käthe Kollwitz Museum Köln

Di–Sa 11–18 Uhr, 1. Do im Monat 11–20 Uhr

Käthe Kollwitz
1867–1945, Grafikerin, Zeichnerin und Bildhauerin. Sie erhielt ihre Ausbildung in Berlin und München, heiratete und bekam zwei Söhne. Angeregt durch Hauptmanns Drama »Die Weber« gestaltete sie 1898 den Zyklus »Ein Weberaufstand«, mit dem ihr der Durchbruch gelang. Studienaufenthalte in Paris und Rom folgten. Ab 1909 widmete sie sich auch plastischen Arbeiten. Nach dem Ersten Weltkrieg, in dem ihr Sohn Peter in Flandern gefallen war, wandte sie sich immer mehr den existenziellen Themen Liebe und Tod, Krieg und Frieden zu.

Es ist ein großes Glück, wenn sich ein Geldinstitut, in diesem Falle die Kreissparkasse Köln, dem Ankauf von Kunst widmet und diese der Öffentlichkeit zugänglich macht. 1983 begann die Geschichte der Sammlung mit dem Ankauf eines Konvoluts von 60 Zeichnungen, die als Dauerleihgabe dem Wallraf-Richartz-Museum anvertraut waren. Weitere Werke kamen hinzu, sodass das Museum heute mit rund 300 Zeichnungen, 500 Druckgraphiken, Plakaten und allen museal zugänglichen Bronzeskulpturen die weltweit größte Sammlung der sozialkritischen Künstlerin Käthe Kollwitz, der ersten Frau, die in die Preußische Akademie der Künste aufgenommen wurde, besitzt. Der Zugang erfolgt über den Eingang in die Neumarkt-Passage. Mit einem gläsernen Lift gelangt man in die vierte Etage. Auf zwei Geschossen präsentiert die Ausstellung in lichtdurchfluteten Räumen die Kunstwerke, die dem Betrachter eindringlich und zeitlos die immerwährenden wichtigen Themen der Menschheit, Krieg und Tod, aber auch Liebe und Trauer nahebringen.

36 | St. Aposteln

9–20 Uhr

An der Westseite des Neumarktes fügt sich der Ostchor der Kirche St. Aposteln geschmeidig ins Straßenbild ein. Pilgrim (gest. 1036) hatte als Erzbischof von Köln das Recht der Königskrönung in Aachen und seit 1031 den Titel »Erzkanzler für Italien« inne, ein enormer Machtzuwachs. Vor dem Westtor der römischen Stadt Köln gründete er ein Herrenstift und ließ eine Kirche errichten, die den heiligen Aposteln geweiht war und ihm als Grabstätte dienen sollte. Der heutige Bau entstand 1150 bis 1250 als doppelchorige Pfeilerbasilika mit einer Krypta unter dem Westchor und einem massiven, 67 Meter hohen Westturm. Anstelle eines vorher existierenden Marienchores im Osten baute man um 1200 einen Dreikonchenchor mit einem mächtigen Achteckturm in der Vierung und zwei kleineren Achtecktürmchen zwischen den Konchen. In der Mitte des 13. Jahrhunderts erfolgte die gesamte Einwölbung. Weiterhin diente der Ostchor der Marienverehrung, der erhöhte Westchor der Anbetung der Apostel. Erst im 17. Jahrhundert ebnete man das Fußbodenniveau ein und schüttete die Krypta zu. Nach

Zerstörungen im Zweiten Weltkrieg revidierte man diese Eingriffe, grub die Krypta wieder aus und stellte damit den erhöhten Westchor wieder her, den heute die Orgel dominiert, ein Instrument der Firma Fischer & Krämer Orgelbau aus Endingen. Nach 1895 entstandene byzantinische Mosaiken und Fresken sind den Bomben ebenfalls zum Opfer gefallen, einzig ein Mosaik nach einem Entwurf von Friedrich Stummel (»Der gute Hirte«, 1910) ist erhalten, es befindet sich heute im nördlichen Westquerschiffarm. Zunächst sachlich-schlicht, 1975 etwas aufwendiger, erfolgte die Innenausstattung der Kirche, die 1988/93 mit der Ausmalung der Kuppel des Ostchores durch Hermann Gottfried beendet wurde.

Im harmonischen Innenraum findet man verschiedene Kunstwerke des 19. und 20. Jahrhunderts, darunter Skulpturen und Gemälde von Otto und Wilhelm Mengelberg. Im Westquerschiff steht zentral an der Stelle, wo sich bis 1643 das Grab von Erzbischof Pilgrim befand, das um 1200 gegossene Taufbecken. An der südlichen Querschiffwand findet man die hölzernen Statuen der Vierzehn Nothelfer, die aus dem 16. bis 18. Jahrhundert stammen. Der Marienaltar entstand 1905/07; die zwölf Szenen aus dem Marienleben wurden 1987–1994 von Dieter und Henrike Franz geschaffen. Rechts neben dem Westchor findet sich ein wesentlich älteres Ausstattungsstück, ein Schmerzensmann aus der Werkstatt von Meister Tilman (nach 1500). Den Ostchor bestimmt heute die Figurengruppe der Zwölf Apostel (um 1330/50) auf einem Retabel von 1988. Die Statuetten sind schlank und graziös, nur etwa 50 Zentimeter groß und gehörten wohl ursprünglich zu einer Chorschranke oder einem Chorgestühl. In der Südkonche des Chores wurde der Sarkophag des Erzbischofs Pilgrim platziert, der 1906 aus weißem Marmor gehauen wurde und die Gebeine des Kirchengründers enthält. In der Nordwand des Ostchores ist ein vergitterter Reliquienschrank mit Büsten verschiedener Heiliger aus dem 14./15. Jahrhundert und einem kostbaren Armreliquiar aus dem 13. Jahrhundert eingelassen. Hier ist auch der Eingang zur Schatzkammer, in der der Kelch des Hl. Heribert aus dem frühen 13. Jahrhundert und weitere wertvolle Stücke des Stiftsschatzes aufbewahrt werden.

Die **Vierzehn Nothelfer**, Heilige aus dem 2. bis 4. Jahrhundert, sind (von rechts nach links): Cyriakus (bei Anfechtungen in der Todesstunde), Margarethe (für eine gute Geburt), Katharina (gegen Leiden der Zunge), Barbara (Patronin der Sterbenden), Blasius (gegen Halsschmerzen), Ägidius (hilft beim Ablegen einer guten Beichte), Pantaleon (Patron der Ärzte), Georg (gegen Seuchen der Haustiere), Vitus (gegen Epilepsie), Achatius (gegen Todesangst), Eustachius (gegen schwierige Lebensläufe), Erasmus (gegen Leibschmerzen), Dionysius (gegen Kopfweh), Christophorus (gegen plötzlichen Tod).

Blick zum Ostchor von St. Aposteln

37 | Hahnentorburg

Melaten-Friedhof
Hier lagen einst die Richtstätte und ein 1180 erstmals erwähntes Leprosenhaus, dessen Bewohner »Maladen«, die Kranken, genannt wurden. 1810 wurde der neue Kölner Friedhof eröffnet, ein klassizistischer Musterfriedhof. Die Bereiche sind rasterförmig angelegt, die Wege verlaufen senkrecht oder parallel zu einander. Die prunkvollsten Grabanlagen, die sich vor allem an den beiden Hauptalleen gruppieren, zeugen vom Übergang des Klassizismus über die Neogotik bis hin zum Jugendstil. Das berühmteste Grabdenkmal und ein Wahrzeichen von Melaten ist der 1905 von Bildhauer August Schmiemann geschaffene »Gevatter Tod«.

Eine der einst zwölf Kölner Torburgen der rund zwölf Kilometer langen mittelalterlichen Stadtmauer ist die um 1240 errichtete Hahnentorburg in der Mitte des Rudolfplatzes. Sie sicherte den westlichen Zugang zur Stadt an der Straße nach Aachen und Jülich. Mit einem Hahn hat sie nichts zu tun, dieser beruht auf einer Fehlinterpretation des 19. Jahrhunderts, als man die Inschrift »porte de coqs« einmeißelte. Möglicherweise leitet sich der Name von dem Besitzer des angrenzenden Landes, Hageno von Anselm, ab, auch die Deutung als Hano für Hain ist möglich. Die Schauseite liegt stadtauswärts, mit spitzbogigem Tor und zwei zinnenbekrönten Halbtürmen, um z.B. den ankommenden Krönungszügen der Könige und Kaiser aus Aachen auf ihrem Weg zum Dom einen prächtigen Empfang zu bereiten. In den drei Geschossen befand sich zeitweilig ein Gefängnis, später nutzten sie verschiedene Museen, darunter das Historische Museum, die Vorgängerinstitution des Kölnischen Stadtmuseums. Seit 1988 ist die »EhrenGarde«, eine der traditionellen Kölner Karnevalsgesellschaften, Pächter der Burg. Momentan wird restauriert, ab 2026 soll die Hahnentorburg wieder in neuem Glanz erstrahlen.

3. Spaziergang

38 | Oper und Schauspielhaus

Nach zwölfjähriger Sanierungszeit werden Oper und Schauspielhaus wahrscheinlich zur Spielzeit 2024/25 wiedereröffnet. Nachdem das erste große Opernhaus, ein neobarocker Bau von 1902, im Zweiten Weltkrieg zerstört worden war, entstand unter der Leitung von Wilhelm Riphahn 1952–1962 ein Ensemble, bestehend aus Großem Haus/Oper, Kleinem Haus/Schauspielhaus und Theaterrestaurant im Stil des Neuen Bauens. Sachlichkeit und Funktionalität standen im Mittelpunkt des durch unterschiedliche Materialien gegliederten Baukörpers, der seitlich eingefasst wird von zwei terrassenartig ansteigenden und an ägyptische Tempel erinnernde Pylonen für die Werkstätten. Otto Klemperer und Wolfgang Sawallisch dirigierten hier; Michael Hampe leitete das Haus lange Zeit. Auch das Schauspielhaus kann auf die Intendanzen großer Regisseure zurückblicken: Jürgen Flimm, seinen Nachfolger Klaus Pierwoß, der 1989 das Experiment wagte, Frank Castorf mit seiner legendären Hamlet-Inszenierung nach Köln zu holen, und nicht zuletzt von 2007 bis 2013 Karin Beier.

Den **Brunnen am Offenbachplatz** gestaltete 1966/67 der Kölner Künstler Jürgen Hans Grümmer (1935–2008), lange ein Geheimtipp in der Kölner Kunstszene: eine runde Anlage aus Stahlbeton mit Mosaiken aus Glas und Keramik verziert, die von Unterwasserscheinwerfern angestrahlt werden. In der Mitte versprüht eine große Fontäne Wasser, kranzförmig kommen weitere kleinere Düsen zum Einsatz. Lange blieb der Brunnen trocken, weil die schwierige Finanzlage der Stadt die Sanierung unmöglich machte. Privates Engagement von Sponsoren wie dem Schokoladenmuseum und verschiedenen Kirchgemeinden ließ ihn ab 2016 wieder plätschern.

Jakob »Jacques« Offenbach
1819–1880, Komponist und Begründer der modernen Operette. Als siebentes Kind des jüdischen Musiklehrers und Komponisten Isaac Ebert (ab 1805 Offenbach) in Köln geboren, erhielt er von seinem Vater Musikunterricht, lernte das Cellospiel und trat öffentlich mit seinen Geschwistern auf. Erste Kompositionen entstanden 1831. Das letzte Konzert der »Gebrüder Offenbach« (obwohl die Schwester Isabella Klavier spielte) fand 1833 statt, dann wurde Jakob zur weiteren Ausbildung nach Paris geschickt, wo er zu einem der modernsten und humorvollsten Operettenkomponisten avancierte, den kein Geringerer als Karl Kraus höher als Mozart stellte. Mit einer Statue am Rathausturm und einer Gedenktafel an seinem Geburtshaus am Großen Griechenmarkt 1 ehrt Köln seinen großen Sohn.

39 | Dufthaus 4711

Mo–Fr 9.30–18.30 Uhr, Sa 9.30–18 Uhr

Seit etwa 1799 verkaufte der Parfümeur Wilhelm Mülhens ein Original Eau de Cologne, und nachdem sein Haus in der Glockengasse während der französischen Besatzung die Hausnummer 4711 erhalten hatte, wurde diese Zahl ab 1830 zum Markennamen, der das Duftwasser weltberühmt gemacht hat. Im Duftmuseum kann man die Geschichte des »Kölnisch Wassers« miterleben, es finden Duftseminare statt, und es gibt sogar eine Duftbar. An der neogotischen Fassade erklingt zwischen 9 und 19 Uhr zu jeder vollen Stunde ein Glockenspiel aus 20 Glocken mit Melodien beliebter Karnevalhits und der »Marseillaise«.

40 | Vierscheibenhaus

Hatten die Architekten Helmut Hentrich und Hubert Petschnigg 1960 in Düsseldorf noch drei Scheiben verbaut, so waren es zehn Jahre später in Köln vier Scheiben. In den 1960er Jahren expandierte der WDR, und die bisherigen Gebäude reichten einfach nicht mehr. Ursprünglich projektierten HPP Architekten für den WDR-Komplex wie auch in Düsseldorf ein Hochhaus, das aber wegen der »perspektivischen Konkurrenz zum Dom« abgelehnt wurde. Also legte man das quer, was eigentlich in die Höhe ragen sollte. Es entstanden vier nebeneinanderliegende, sechs- bis achtgeschossige Scheiben, deren äußere niedriger sind als die mittleren Scheiben und von der Mitte des Gebäudes aus jeweils entgegengesetzt nach außen geschoben sind. Die höchste Scheibe misst 30 Meter; insgesamt hat das ganze Gebäude eine Länge von 165 Metern. Das Vierscheibenhaus kann, was Eleganz und Leichtigkeit betrifft, mit dem Düsseldorfer Dreischeibenhaus nicht mithalten, zumal es, als Solitär gedacht, in der engen Bebauung des WDR-Komplexes keine Wirkung entfalten kann. Am davor liegenden Platz, einem in verschiedenen Grautönen gehaltenen Betonareal, hat man mit dem Platanen-Karree einen Rückzugsort mitten in der Stadt geschaffen.

An der Ecke zur Schwalbengasse steht die Kirche **St. Maria in der Kupfergasse**, die lange Zeit von den Karmeliterinnen betrieben wurde (Gnadenkapelle 7.30–19.30 Uhr). Im Inneren hat sich die 1675 geweihte lauretanische Kapelle erhalten, erbaut genau in den Maßen des Heiligen Hauses in der Basilika vom Heiligen Haus in Loreto. Seitdem wird hier die Schwarze Muttergottes verehrt, ein aus schwarzem Lindenholz geschnitztes und prächtig bekleidetes Gnadenbild. Erst später, 1705–1715, wurde um die Kapelle herum eine Kirche errichtet. Am Karnevalssonntag kommt das Kölner Dreigestirn hierher, um den Segen für den Rosenmontagszug zu erbitten.

41 | Appellhof

Als das Rheinland nach dem Wiener Kongress Preußen zugeschlagen wurde, erkannte der preußische König zähneknirschend das vom Code Civil beeinflusste Rheinische Recht an. In der Folge entwickelte sich aus drei rheinischen Appellationsgerichten 1819 ein Appellationsgericht in Köln für die gesamte preußische Rheinprovinz. 1826 entstand ein erstes Justizgebäude im Stil des preußischen Klassizismus auf dem Areal eines im Rahmen der Säkularisation niedergelegten spätromanischen Mariengartenklosters. Aufgrund des sprunghaften Wachstums der Kölner Bevölkerung im 19. Jahrhundert und der Reichsjustizreform 1879 genügte das Gebäude den Ansprüchen jedoch nicht mehr. An gleicher Stelle wurde daher ein neues Gerichtsgebäude erbaut, ein Backsteinbau im Stil der niederländischen Renaissance mit Werksteingliederung (Paul Thoemer/Rudolf Mönnich). Der Name Appellhofplatz ist einer typischen Verkürzung im Sprachgebrauch geschuldet, er kommt einfach von Appellationsgericht. In der irrigen Ansicht, Appell beziehe sich auf militärischen Drill, gab es 1985 einen Antrag im Stadtrat, ihn in Heinrich-Böll-Platz umzubenennen. Nach einer Meinungsumfrage scheiterte der Antrag.

42 | EL-DE-Haus

NS-Dokumentationszentrum Di–Fr 10–18 Uhr, Sa/So 11–18 Uhr, 1. Do im Monat 10–22 Uhr

EL-DE-Haus heißt es nach dem Gold- und Uhrengroßhändler Leopold Dahmen, der es 1934/35 errichten ließ. Über der verglasten Eingangstür prangen seine Initialen. Noch im Rohbau wurde es 1935 von der Gestapo in Beschlag genommen, alle Mietverträge mussten aufgelöst werden. In der Nähe des Polizeipräsidiums, des Gerichtsgebäudes und des Gefängnisses Klingelpütz gelegen, war es als neues Dienstgebäude der Gestapo im Regierungsbezirk Köln geradezu ideal. Während die Obergeschosse mit Büros der Dienststelle belegt waren, wurden im Keller zehn winzige Zellen eingerichtet, in die zeitweise jeweils bis zu 30 Personen gepfercht wurden. Oppositionelle, Kriegsgefangene und Zwangsarbeiter erlebten hier Tage und Wochen des Schreckens und der Folter, wovon etwa 1800 erhaltene Wandinschriften zeugen. Die weitgehend erhaltenen Zellen 1–4 sind heute eine Gedenkstätte. Außerdem kann man die Dauerausstellung »Köln im Nationalsozialismus« besichtigen.

43 | Zeughaus

Das Backsteingebäude mit den Fensterläden in den Farben der Stadt, rot und weiß, dem prächtigen Renaissanceportal und dem markanten Treppenturm an der Westwand war das städtische Waffenarsenal. Ein Vorgängerbau, 1348 erstmalig erwähnt, trug die Bezeichnung »Blidenhaus« (eine Blide war eine mittelalterliche Wurfwaffe und eine Urform des Katapults). Das Zeughaus wurde 1594–1606 errichtet und ruht auf den Überresten der römischen Stadtmauer. Da die Waffen nie genutzt werden mussten, konnte bald eine museale Nutzung einsetzen. Dabei zeigte man alte Schwerter und Säbel und ergötzte die staunenden Besucher mit herrlichen Schauergeschichten. Selbst eine kopflose Mumie und ein Streitwagen aus der Schlacht bei Worringen von 1288 sollen unter den Objekten gewesen sein. Erst um 1920 endete die Waffenlagerung. Bis 2017 residierte hier das Stadtmuseum Kölns. Auf dem Turm des Zeughauses steht ein goldenes geflügeltes Auto des Kölner Objekt- und Aktionskünstlers HA Schult, das den Titel »Goldener Vogel« trägt. Das Kunstwerk war eine von zehn Skulpturen, die zum Thema »Fetisch Auto« 1989 zu erbitterten Diskussionen herausforderten.

44 | Römerturm

Er ist einer der bedeutendsten Reste der römischen Stadtmauer und bildete einst deren Nordwestecke. Mit beinahe vier Kilometern umschloss die Mauer, die neun Stadttore und 19 baugleiche Rundtürme aufwies, das Gebiet der Colonia Claudia Ara Agrippinensium (CCAA). Auf einem bis zu drei Meter hohen Fundament erhob sich die Mauer von 2,40 Meter Breite und 7,80 Höhe. Aus graugrünen Sandsteinquadern (Grauwacke) wurden zwei Mauern errichtet, deren Zwischenraum mit römischem Beton befüllt wurde. Um die Mauer vor der Einnahme zu schützen, umgab sie ein drei bis vier Meter tiefer Graben. Der Römerturm weist noch heute originale Verzierungen im Mauerwerk auf. Vor dem Abriss im Mittelalter bewahrte ihn seine Funktion als Latrine für das Klarissenkloster, dem er angeschlossen wurde. Seit 1833 ein Wohnhaus, erwarb ihn 1873 die Stadt für 19 000 Taler, um ihn vor dem drohenden Abriss zu bewahren, und restaurierte ihn. Die heute noch vorhandenen Zinnen sind eine Zutat des Historismus, als man 1898/99 das benachbarte neogotische Haus errichtete. Heute wird der Römerturm von einer benachbarten Galerie als Ausstellungsraum genutzt.

Der von weitem sichtbare, 1978 gebaute und mit 266 Metern höchste Fernmeldeturm in Nordrhein-Westfalen ist der **Colonius**, einer von vier UKW-Senderstandorten in Köln. Im zweistöckigen Besucherbereich auf 166 Metern Höhe gab es ein Drehrestaurant und eine Discothek. Seit 1999 ist der Colonius geschlossen und somit einer der höchsten Lost Places in Deutschland. Eine notwendige Sanierung des seit 2022 unter Denkmalschutz stehenden Fernsehturms würde etwa 60 Mio. Euro kosten, aber eine satte Mehrheit im Stadtrat befürwortet die Wiedereröffnung des Colonius.

45 | St. Gereon

10–18 Uhr

St. Gereon ist dem Ursprung nach eine der ältesten Kirchen Deutschlands. An dieser Stelle gab es einen Friedhof, der vom ersten Jahrhundert bis ins Mittelalter genutzt wurde. Um 350 errichtete man einen ovalen Kuppelbau mit jeweils vier Konchen im Norden und Süden sowie einer Apside im Osten, der wahrscheinlich als Memorialbau einer reichen Familie diente, deren Sarkophage in den Konchen aufgestellt wurden. Den Boden bedeckte ein Mosaik, dessen Steinchen so golden strahlten, dass man den Bau »ad sanctos aureos« (»Zu den Goldenen Heiligen«) nannte. Wahrscheinlich im 5. oder 6. Jahrhundert in eine Kirche umgewidmet, wird der Ovalbau 590 von Bischof Gregor von Tours erwähnt, der erstmalig davon schrieb, dass hier die 50 Männer der Thebäischen Legion den Märtyrertod erlitten hätten. Sie seien in einen in der Nähe befindlichen Brunnen geworfen worden. Staub aus diesem Brunnen habe den ihm bekannten Bischof Everigisil von Kopfschmerzen befreit. Gereon, der neben den Heiligen Drei Königen und der Hl. Ursula einer der Stadtpatrone Kölns ist, sei Offizier der Thebäischen Legion gewesen.

»Blutsäule«

Im 9. Jahrhundert wurde von Bischof Hildebold ein Chorherrenstift gegründet, neben dem Domstift das bedeutendste in Köln, das nur hochadelige Kanoniker aufnahm. Ab 1060 ließ Erzbischof Anno II. die Ostapside in einen Langchor mit Krypta erweitern, und etwa einhundert Jahre später erfolgte unter Erzbischof Arnold von Wied die Erweiterung des Langchores um eine doppeltürmige Chorfassade. Da diese Ostseite an einer wichtigen Prozessionsstraße lag, war sie von großer Pracht und Herrlichkeit. Zu Beginn des 13. Jahrhunderts wurde der spätantike Ovalbau zu einem 48 Meter hohen, kuppelbekrönten Dekagon, einem Zehneck im Stile der französischen Frühgotik, aufgestockt und ummantelt.

1802 erfolgte die Auflösung des Stifts, St. Gereon wurde Pfarrkirche und erhielt ab den 1880er Jahren eine historisierende Innenausstattung. Nach einem Bombenangriff 1942 brannte die Kirche drei Tage lang, 1944 zerstörten die Bomben das Dekagon und den Chor, große

Teile der mittelalterlichen, barocken und historisierenden Ausstattung gingen in den Flammen verloren. Der Wiederaufbau war erst 1985 abgeschlossen.

Tritt man in den Kuppelbau und legt den Kopf in den Nacken, wird man gefangen vom Anblick des leuchtend rot ausgemalten, 34 Meter hohen **Kuppelgewölbes**. Über den Konchen durchbrechen drei Etagen mit Emporen, Umgängen und Drillingsfenstern die Wände. Säulen, Kapitelle und Konsolen weisen z. T. vergoldete Verzierungen auf. Vor der ersten nördlichen Konche steht in einer Nische die sogenannte **Blutsäule**. Ihr Stumpf könnte vom Ursprungsbau aus dem 4. Jahrhundert stammen. Mit ihr ist die Überlieferung verbunden, das Blut der thebäischen Märtyrer sei auf sie gespritzt, was ihr die Fähigkeit verliehen habe, Sünder zu identifizieren. In der ersten südlichen Konche sind Reste der Wandverkleidung und des Mosaikbodens aus dem 4. Jahrhundert erhalten. Von der dritten südlichen Konche aus erfolgt der Zutritt zur **Taufkapelle**, erbaut 1242/45. Das achteckige spätromanische Taufbecken erhielt 1931 den Messingdeckel mit Taube. Hier finden sich guterhaltene Fresken aus dem 13. Jahrhundert.

Treppen führen in den langen **Chor**, in dem neben einem Sakramentshäuschen (1608) ein Kruzifix aus Alabaster (um 1650) und die Marmorskulptur der Hl. Helena (nach 1635) stehen. Die südliche Chorwand wird u.a. von einem Ölgemälde geschmückt, das zum ehemaligen Sebastiansaltar gehörte: »Die Verehrung der Hl. Dreifaltigkeit durch die Heiligen der Stadt Köln«. 1635 von Johannes Hulsmann und Johann Toussyn gemalt, enthält es im unteren Teil eine Stadtansicht von Köln. Darüber wacht der »Kölner Himmel« mit zahlreichen Heiligen.

Neben dem Choraufgang führt eine Treppe hinab in die **Krypta**. Über den Doppelarkaden des Eingangs zur Grabkammer hat sich ein Fresko mit der Kreuzigung erhalten (um 1300). In der Vierung thront auf einer romanischen Mensa ein Altarretabel aus Tuffstein (um 1540). Den oberen Abschluss des Mittelgiebels bildet eine Madonna mit Kind, angebetet von den Heiligen Drei Königen und dem Hl. Joseph. In den Zwickeln tummeln sich freundliche nackte Putti. Bruchstücke des 1151 gestalteten Mosaikbodens sind im 19. Jahrhundert in der Krypta neuverlegt und gerahmt worden. Sie zeigen Begebenheiten aus der Geschichte von Samson und David.

Oben: Taufstein
Links: Blick ins Dekagon von St. Gereon

46 | Mariensäule

In unmittelbarer Nähe zum Ostchor von St. Gereon steht eine der ältesten rheinischen Mariensäulen. Nachdem Papst Pius IX. 1854 das Dogma der Unbefleckten Empfängnis Marias verkündet hatte, begann eine Zeit der verstärkten Marienverehrung. In Köln, das von jeher katholisch, aber seit 1815 ungewollt preußisch war, gründete sich 1855 ein »Verein zur Errichtung eines Standbildes Maria Immaculata«. Und als man von der Planung eines Reiterdenkmals für den preußischen König vernahm, wurde die Energie noch vervielfacht, die Mariensäule als Zeichen der katholischen Opposition aufzustellen. Nur der geplante Standort, der Alte Markt, ließ sich nicht verwirklichen. Als »Sinnbild der katholischen Einheit« wurde die neogotische Säule mit der Maria auf der Spitze 1858 enthüllt.

47 | St. Ursula

Di–Sa 10–12/15–17 Uhr, So 15–17 Uhr

St. Ursula gehört zum Kranz der romanischen Kirchen. An der Stelle eines spätantiken Friedhofes mit Memorialbau aus dem 4. Jahrhundert kam es wahrscheinlich im Zusammenhang mit der Gründung eines Stifts im Jahr 922 zu einem Erweiterungsbau. Eine im Chor eingemauerte lateinische Inschrift, die Clematius-Inschrift, über deren Entstehungszeit (5. oder 10. Jahrhundert) keine Einigkeit besteht, ist der früheste Beleg dafür und für die Bildung der **Ursula-Legende**, die nach Entdeckung eines weiteren antiken Gräberfeldes 1106 kultischen Charakter annahm. Weitere Ausgrabungen in den folgenden Jahren bezogen die aufgefundenen Gebeine ein, sodass dem Ort nun eine Aura zugesprochen wurde, die den Neubau der Kirche notwendig machte.

Im 13. Jahrhundert erfolgte nach dem Beispiel der Pariser Sainte-Chapelle der Bau eines gotischen Chores. An das südliche Seitenschiff setzte man einen Anbau, das Marienschiff. In dessen Flucht entstand 1643 die Goldene Kammer für die ungeheure Anzahl an Reliquien und Gebeinen, gestiftet von dem kaiserlichen Kammerrat

Ursula-Legende
Die bretonische Königstochter Ursula sollte mit dem heidnischen Königssohn Aetherius verheiratet werden, stellte aber die Bedingungen, dass der Bräutigam getauft werden solle und sie mit elf Jungfrauen und 11 000 Gefährtinnen eine Pilgerreise nach Rom unternehmen dürfe. Über Basel gelangte die Schar nach Rom und auf dem Rückweg nach Köln, wo Ursula von den heidnischen Hunnen gefangen und mitsamt ihren Gefährtinnen getötet wurde. Eine wichtige Quelle dafür ist die Reimchronik der Stadt Köln von Gottfried Hagen (1270). Die Zahl 11 000 geht möglicherweise auf einen Lesefehler zurück. In früheren Quellen ist nur von elf Jungfrauen die Rede.

Meister Tilman, amtlich als Tielman bildensnijder bezeichnet, war ein durch Urkunden belegter Bildschnitzer. Seine Lebensdaten kennt man nicht. Man weiß nur, dass er zwischen 1475 und 1515 in Köln und Umgebung eine Werkstatt führte. Heute mutmaßt man, er sei mit Tilman Heysacker genannt Krayndunck identisch und habe sein Handwerk bei Meister Arndt in Kalkar gelernt. In den Kirchen Kölns findet man neben Darstellungen des Schmerzensmanns und des Hl. Christophorus auch zwei Schnitzretabel in St. Kunibert. Bis nach Essen sind die lebensgroßen Holzfiguren der Kirchenpatrone Cosmas und Damian gelangt.

Johann von Crane. 1680 erhielt der Turm einen barocken Helm. Nachdem das Damenstift 1802 im Zuge der Säkularisation aufgelöst worden war, erfolgten im 19. Jahrhundert Restaurierungen, die der Kirche ihr mittelalterliches Aussehen zurückgeben sollten, auf die man beim Wiederaufbau nach 1945 aber verzichtete. Dabei wurde das um 1300 gearbeitete und durch Bomben zerstörte Kreuzgewölbe durch ein schlichtes Tonnengewölbe ersetzt.

St. Ursula ist eine dreischiffige Emporenbasilika mit Querarmen, einem langgestreckten schmalen Chor und einem zweigeschossigen Westwerk mit Turm. Die Westfassade wurde nach 1945 neu gestaltet. Sie ist lediglich durch die Rundbogenarkaden im Erdgeschoss gegliedert. Rechts daneben erstreckt sich wie ein Appendix der höhere Bau der Goldenen Kammer. Kommt man durch die Vorhalle in das Kircheninnere, ist man überrascht von dem hellen Raumeindruck, der durch die Farbgebung der massiven Emporenwände und die Obergadenfenster hervorgerufen wird. Auf den Brüstungen der Seitenschiffemporen stehen Doppelreliquienbüsten, die vermutlich von **Meister Tilman** stammen (um 1500).

Der Chor umfasst drei Joche, elf große Maßwerkfenster bilden seinen polygonalen Abschluss. Auf dem Hochaltar mit den elf Jungfrauenfiguren unter den Arkaden der Predella stehen zwei Reliquienschreine: links der Ursulaschrein, dessen Holzkern mit vergoldetem Kupfer beschlagen ist; rechts der Aetheriusschrein, entstanden um 1170, dessen Figurenschmuck allerdings im 19. Jahrhundert abhanden kam und durch Holztafeln mit Bibeltexten ersetzt wurde. Die 1891/94 geschaffenen Chorfenster stellen (gemeinsam mit denen in St. Andreas) den größten zusammenhängenden Zyklus historischer Glasfenster in Köln dar. Das mittlere Fenster zeigt im Zentrum die Hl. Ursula als Schutzmantelfigur. Hinter dem Altar findet sich der ausführlichste Ursula-Zyklus überhaupt, 1456 von den Brüdern van Scheyven gestiftet. Die 30 Szenen sind auf Holztafeln gemalt und stammen aller Wahrscheinlichkeit nach aus dem Umkreis der Werkstatt von Stefan Lochner. An der Südseite des ersten Chorjochs ist die Clematiusinschrift angebracht, die u.a. das Verbot ausspricht, andere Menschen als die Heiligen Jungfrauen in der Kirche zu bestatten.

Das Zentrum des nördlichen Querschiffs bildet das Grabmal der Hl. Ursula, 1659 von Johann von Crane und seiner Gattin gestiftet. Auf dem Sockel aus schwarzem Marmor hat der Bildhauer Johannes T.W. Lentz mit größter Sorgfalt die ruhende Heilige auf einem Kissen aus weißem Alabaster gebildet. Das südliche Seiten-

Goldene Kammer

U
Dom/Hauptbahnhof
Sicher mit Abstand!
1,5 m

den 1950er Jahren von Karl Band errichteten Gebäude für den 1947 hier neuangesiedelten Dominikanerorden an.

Der Grundriss von St. Andreas ist kreuzförmig: ein langgezogener Chor, an den sich die Querhäuser anschließen, auf deren Vierung ein mächtiger Turm mit einem Faltdach aufragt. Das Langhaus, dessen Seitenschiffen im 14. Jahrhundert Kapellen angefügt wurden, ist nur unwesentlich länger als der Chor. Der Eintritt erfolgt durch die Westhalle, die mit um 1500 gemauerten kunstvollen Arkaden zur Straße hin geöffnet ist. Hier findet man den Blutbrunnen, ein zum Anfang des 16. Jahrhunderts gefertigtes steinernes Reliquiar, das der Legende nach das Blut der 11 000 Jungfrauen enthalten soll, die mit der Hl. Ursula in den Tod gegangen sein sollen.

Gleich in der ersten Kapelle des südlichen Seitenschiffes stößt man auf die hölzerne Statue des Hl. Christophorus, ein Werk von Meister Tilman (um 1490/1500). Daneben hat eines der interessantesten Werke Platz gefunden, ein Triptychon mit der Schutzmantelmadonna (um 1500/1510) vom Meister von St. Severin, einem der wichtigsten Maler Kölns des Spätmittelalters. Hier wird der Schutzmantel aber von den Dominikanerheiligen Dominikus und Petrus Martyr über die Mitglieder der Rosenkranzbruderschaft gehalten, darunter Papst Sixtus IV. Links inmitten der knieenden Beter ist der Inquisitor Jakob Sprenger mit der schwarzen Kopfbedeckung zu erkennen, angeblich Mitverfasser des berüchtigten »Hexenhammers« von Heinrich Kramer. Gegenüber steht ein Kreuzigungstriptychon von Barthel Bruyn d. Ä. (um 1550).

Der goldene Schrein im südlichen Querschiff stammt aus dem frühen 16. Jahrhundert und gehörte dem Benediktinerinnenkloster zu den heiligen Makkabäern, bis dieses 1802 aufgehoben und die Gebäude abgerissen wurden. Zu dem Schrein gehörte auch der Makkabäeraltar, der heute in der Kirche St. Maria in der Kupfergasse steht. Der Schrein enthält die 1164 von Rainald von Dassel aus Mailand mitgebrachten Reliquien der Makkabäer. Sie waren die Anführer des jüdischen Aufstandes gegen die hellenistischen Seleukiden, von denen die Makkabäerbücher des Alten Testaments und Flavius Josephus erzählen. Darüber erstrahlen im Mittagslicht die sieben Glasfenster von Markus Lüpertz (2005/08), die ebenso

Das Rosenkranzgebet galt der im 15. Jahrhundert von Dominikanern in Flandern gegründeten **Rosenkranzbruderschaft** als ein Mittel, die Frömmigkeit der Volksmassen zu vertiefen. Die erste große deutsche Rosenkranzbruderschaft stiftete 1472 der Prior Jakob Sprenger in Köln nach der zehnmonatigen Belagerung der Stadt durch Karl den Kühnen von Burgund. Der Kölner Rosenkranzbruderschaft sollen Karls Gegner Kaiser Friedrich III. und sein Sohn, der spätere Kaiser Maximilian I., angehört haben, was aber umstritten ist. Papst Sixtus IV. empfahl 1478 das tägliche Rosenkranzgebet gegen die Übel der Welt.

Links: Chor von St. Andreas

wie die Reliefdarstellungen am Schrein die Kämpfe und Leiden der Makkabäer thematisieren.

Im Chor hat sich das Chorgestühl aus dem ersten Drittel des 15. Jahrhunderts erhalten. Der Schrein enthielt bis 1954 die Reliquien von **Albertus Magnus**, seit 1997 die Armreliquien des Hl. Andreas. Auch die Glasfenster des nördlichen Querhauses, dem Marienchor, stammen von Markus Lüpertz (2009/10). Darunter hat eine hölzerne Pietà Aufstellung gefunden (um 1380). Im nördlichen Seitenschiff sollte man dem Taufstein vom Anfang des 13. Jahrhunderts, den verschiedenen erhaltenen Wandmalereien aus dem frühen 14. Jahrhundert und dem farbigen Hl. Michael von Meister Tilman (um 1490) Beachtung schenken. Die Krypta beruht auf den erhaltenen Umfassungsmauern des 11. Jahrhunderts, die beim Bau des gotischen Chores zugeschüttet worden waren. Heute ist sie ein moderner Raum mit Lichtkuppeln in der Decke (Karl Band) und birgt einen römischen Sarkophag mit den Gebeinen von Albertus Magnus.

Albertus Magnus
Um 1200–1280, Dominikaner, Theologe, Naturwissenschaftler und Bischof von Regensburg. Als einziger Gelehrter des Abendlandes trug Albertus den Beinamen »der Große«. An verschiedenen Dominikanerkonventen tätig, 1243 am Ordenslehrstuhl der Universität Paris, wo Thomas von Aquin sein wichtigster Schüler wurde, und seit 1248 in Köln, wo er als Vorläuferin der Universität das »Studium generale« gründete, sammelte er alles Wissen, das sich ihm bot: Theologie, Philosophie, Medizin und Naturwissenschaften, um mit diesem Schatz das naturphilosophische Denken des Aristoteles mit dem christlichen Glauben zu verbinden. Albertus Magnus fungierte in Köln auch als Schiedsrichter im Streit zwischen Erzbischof und Stadtgesellschaft. Er wurde 1931 heiliggesprochen.

49 | MAKK – Museum für Angewandte Kunst Köln

Di–So 10–18 Uhr, 1. Do im Monat 10–22 Uhr

Bereits vor dem Museum empfangen den Besucher die 1900 von Wilhelm Albermann geschaffenen Bronzedenkmäler der Museumsgründer Ferdinand Franz Wallraf und Johann Heinrich Richartz, denn bis 2001 war das Gebäude die Heimstatt des Wallraf-Richartz-Museums (siehe Nr. 16). Ein im 19. Jahrhundert errichteter Museumsbau auf dem Grundriss des an dieser Stelle gelegenen Minoritenklosters wurde 1943 zerstört. Als erster Museumsneubau der Bundesrepublik entstand 1953/57 nach Plänen von Rudolf Schwarz und Josef Bernard ein schlichter und schmuckloser U-förmiger Flügelbau mit Innenhof aus rotem Backstein. Heute befindet sich hier das Museum für angewandte Kunst, das 1888 als Kunstgewerbemuseum gegründete zweitälteste Museum Kölns.

Auf drei Etagen präsentiert das Museum seine Sammlung an europäischem Kunsthandwerk aus acht Jahrhunderten. Im Erdgeschoss erwartet den Besucher eine erlesene Kollektion von Design des 20. Jahrhunderts; in der unteren Ebene sind Möbel und Alltagsgegenstände bis 1945 und in der Zwischenetage Design von 1945 bis zur Postmoderne zu finden. Das erste Geschoss widmet sich der Geschichte des Kunsthandwerks vom Mittelalter bis zum Jugendstil. Die zweite Etage ist der Mode vorbehalten. Nicht nur wertvolle auserlesene Stoffe sind zu bewundern, sondern ebenso historische Mode von 1830 bis hin zu Kreationen bekannter Modeschöpfer des 20. Jahrhunderts wie Dior, Lagerfeld oder Jil Sander. Über die konservative Präsentation der Designobjekte hinaus lässt das MAKK sie in einen Dialog treten mit Kunstwerken des 20. und 21. Jahrhunderts.

50 | Minoritenkirche

Als zweiter Bettelorden nach den Dominikanern siedelte sich zu Beginn des 13. Jahrhunderts der Franziskanerorden in Köln an, der um 1246 mit dem Bau eines Klosters und einer Kirche begann. Dem 1260 geweihten Chor wurden bis zur Mitte des 14. Jahrhunderts Langhaus und Westfassade angefügt. Als sich der Orden 1517 nach unterschiedlichen Auffassungen von Armut und angesichts

Kolping-Denkmal (1903)

Adolph Kolping
1813–1865, Priester, Sozialreformer. Im Gegensatz zu seinem Zeitgenossen Karl Marx suchte der ehemalige Schuhmacher und im Alter von 32 Jahren zum Priester geweihte Kolping durch praktische Hilfe das Los der durch die Auflösung der Zünfte in Elend und Verwahrlosung gestürzten Handwerkergesellen zu lindern. Als Vikar am Dom gründete er im Mai 1849 den ersten Gesellenverein. Der Gemeinschaftsgedanke, ausgehend von der katholischen Soziallehre, setzte sich durch. Als er 1865 starb, inzwischen Rektor der Minoritenkirche, gab es bereits über 400 Gesellenvereine. 1991 wurde Kolping seliggesprochen.

der beginnenden Reformation in Observanten (Franziskaner) und Konventualen (Minoriten, von Minderzahl) spaltete, gehörten die Brüder des Klosters den Minoriten an, die eine weniger strenge Lebensform verfolgten. Auch das Minoritenkloster wurde im Zuge der Säkularisation 1802 aufgehoben, die Klostergebäude z. T. als Armenhaus genutzt und dann abgerissen. Nur wenige Reste sind in den Bau des benachbarten Museums für angewandte Kunst integriert. Die Kirche diente als Getreidespeicher, ab 1808 als Armen- und Hospitalkirche. Erst 1846 ging sie in den Besitz des Doms über, erste Instandsetzungsarbeiten setzten ein. Als die Minoriten 1929 nach Köln zurückkehrten, übernahmen sie hier und ab 1956 auch an St. Kolumba die Seelsorge. Im Zweiten Weltkrieg durch Feuer stark beschädigt, konnte die Kirche mit Mitteln des Kolping-Werkes wiederaufgebaut werden.

Das Äußere und Innere der Kirche ist schlicht, gemäß den Regeln des Bettelordens geradezu streng gebaut. Während die Maßwerkfenster des Chores eher dem Vorbild nordfranzösischer Kathedralen folgen, kann man im Grundriss des Chores das Vorbild der Marburger Elisabethkirche erkennen. Zwei schmale Seitenschiffe umgeben das Mittelschiff, dessen Wände auf spitzbogigen

Arkaden gelagert sind. Mittelschiff und Chor sind von Kreuzrippen überwölbt und gehen beinahe nahtlos ineinander über. Der Blick des eintretenden Besuchers wird zu den hohen Fenstern im Chor gelenkt, in dessen Mitte ein aus Alfeld stammendes, in Gold glänzendes Altarretabel mit Maria als Himmelskönigin steht (1480). Über dem Altar hängt ein 4,50 Meter hohes gläsernes Kreuz des Düsseldorfer Künstlers Thomas Kesseler (2010). Mit Schwarzlot gezeichnet, einem gefärbten Bleiglas, sind auf der Vorderseite der leidende Christus, auf der Rückseite Christus als erlöster König dargestellt. Im nördlichen Seitenschiff steht in einer Vitrine das Brauweiler Kreuz. Es ist ottonischen Ursprungs, der Korpus stammt aus dem 14. Jahrhundert.

Was die Minoritenkirche auch heute noch zum Wallfahrtsort macht, ist das Grab des Begründers des Kolping-Werkes, **Adolph Kolping**. Im südlichen Seitenschiff hat der steinerne Sarkophag des Theologen **Johannes Duns Scotus** Platz gefunden. Auf der Westempore, und somit leider das prächtige Glasfenster teilweise verdeckend, erklingt eine Orgel der Kevelaer Orgelbaufirma Romanus Seifert & Sohn mit 44 Registern auf drei Manualen und Pedal.

Johannes Duns Scotus
1265/66–1308, Priester und Theologe. Duns Scotus entstammte dem schottischen Adel (daher der Namenszusatz) und studierte nach der Priesterweihe in Paris, wo er nach einem Intermezzo in Oxford promovierte. Zu Fuß gelangte er 1307 nach Köln, an die Wirkungsstätte des verehrten Albertus Magnus. Hier starb er, vermutlich an der Pest. Duns Scotus bediente sich der Werkzeuge der Wissenschaften, um die Existenz Gottes nachzuweisen. Für ihn war der Wille maßgebend, sich in Freiheit und aus Vernunft für das Gute, also für Gott zu entscheiden. Darin sah er die Vollendung des menschlichen Wesens.

Visualisierung der Ausstellung

51 | Kölnisches Stadtmuseum

Seit März 2024 residiert das Kölnische Stadtmuseum im 1986 erbauten Modehaus Sauer (Minoritenstraße 13), einem eleganten fünfgeschossigen Gebäude mit luxuriösen Marmorböden, originellen Raumlösungen und genug Platz, um die seit 1888 gesammelten über 300 000 Exponate zur abwechslungsreichen Stadtgeschichte Kölns angemessen präsentieren zu können. Das Museum nimmt den Besucher mit auf eine emotionale Zeitreise vom Mittelalter bis in die Gegenwart. Anhand der Fragen »Was lieben wir?«, »Was macht uns Angst?« und »Was verbindet uns?« wirft die Ausstellung neue Blicke auf die Stadt und ihre Bewohner. Mit einzigartigen Exponaten, aufwendigen interaktiven Stationen, unkonventionellen Perspektiven und modernen Inszenierungen wird Kölns Geschichte unterhaltsam erzählt. Das berühmte historische Stadtmodell zeigt die Stadt im Jahr 1571 und bietet dank Augmented Reality weitere Informationen. Am Roncalliplatz soll in der Historischen Mitte ein neuer Gebäudekomplex entstehen, der neben dem Kölnischen Stadtmuseum auch das Dombauarchiv, die Werkstätten und die Verwaltung des Domkapitels aufnehmen soll.

52 | St. Kolumba

Die der Hl. Kolumba von Sens, einer spanischen Jungfrau und frühchristlichen Märtyrerin, geweihte Kirche wurde erstmals 980 erwähnt. Im 12. Jahrhundert entstand eine romanische Basilika, die nach 1460 zu einer spätgotischen fünfschiffigen Emporenbasilika umgebaut wurde. Bei Bombenangriffen 1942 und 1943 zunächst nur leicht beschädigt, brannte sie im Juni 1943 aus, und 1945 zerstörten die Bomben beinahe die gesamte Kirche. Unter den Ruinen blieb wie durch ein Wunder eine spätgotische Marienstatue (um 1470) unversehrt. Sie trägt deshalb heute den Namen »Madonna in den Trümmern«. 1949 wurde nach Plänen des Architekten Gottfried Böhm eine achtseitige Kapelle errichtet, deren Mosaikboden aus Trümmern der Kirche gelegt wurde. Im halbrunden Chor, der als muschelartiges Gewölbe geformt ist, steht die Madonna. Die Engel in den farbigen Glasfenstern (Ludwig Gies) streben ihr entgegen. In der 1956 zur Kolumbastraße angebauten Sakramentskapelle findet man neben dem hellen Marmoraltar eine schöne Figurengruppe der Anna Selbdritt (um 1500). Die Nachkriegskapelle ist auf meisterhafte Weise in den Neubau des Kunstmuseums integriert.

53 | KOLUMBA – Kunstmuseum des Erzbistums Köln

Mi–Mo 12–17 Uhr (15.8. bis 14.9. geschlossen)

Auf den Ruinenwänden der im Zweiten Weltkrieg zerstörten Kirche St. Kolumba entwarf der Schweizer Architekt Peter Zumthor einen Neubau für das Kunstmuseum des Erzbistums Köln, das 2008 mit dem DAM Preis für Architektur in Deutschland ausgezeichnet wurde. Der helle kubische Ziegelbau bindet die Tuff-, Basalt- und Backsteine der Ruine nahtlos ein. 1853 vom Christlichen Kunstverein gegründet, ging das Museum 1989 in die Trägerschaft des Erzbistums über und hatte seinen Sitz ursprünglich am Roncalliplatz. Die Sammlung reicht von der Spätantike bis zur Gegenwart, von Skulpturen bis hin zu Installationen. Verschiedene Schenkungen bereicherten die Bestände mit aufsehenerregenden Kunstwerken der Avantgarde des 20. Jahrhunderts. Im Erdgeschoss kann man zwischen hellen Säulen über der archäologischen Zone wandeln. Durch das »Filtermauerwerk« fällt zusätzliches Tageslicht auf die verschiedenen Schichten der Ausgrabungen – früheste Zeugnisse aus dem 1. Jahrhundert, römische Fundamente und die Fundamentreste der

Vorgängerkirchen von St. Kolumba. In jährlich wechselnden Ausstellungen unter jeweils einem übergreifenden Thema stellt das »lebende Museum« zeitgenössische und mittelalterliche, sakrale und profane Werke gegenüber.

54 | Dischhaus

Als Meilenstein für die Moderne in Köln kann man das 1928/30 nach Plänen von Bruno Paul errichtete Geschäftshaus bezeichnen. Sein Vorbild ist im Kaufhaus Schocken zu suchen, zur gleichen Zeit von Erich Mendelsohn in Chemnitz errichtet. Der hochelegante Stahlskelettbau mit vorgehängten Natursteinplatten im Stil der Neuen Sachlichkeit steigt über der Schaufensterzone mit einer gekrümmten und seitlich sehr langen Fassade in vier Geschossen empor. Der Wechsel von Fenstern und Brüstungsbändern verleiht der Wölbung zusätzlichen Schwung. Rechts überragt ein Treppenturm die Geschosse, die linke Seite wird von einem lang gestreckten Erker bestimmt. Das Obergeschoss mit Flachdach ist wie bei einem Dampfer zurückgesetzt. Seinen Namen erhielt das Gebäude von einem 1848 an dieser Stelle für den Kunstsammler Franz Carl Damian Disch erbauten Hotel.

Köln. Stadtspaziergänge
Herausgegeben von Mark Lehmstedt

Text: Steffi Böttger
Lektorat: Kristina Schulze/Lehmstedt Verlag
Karten: OpenStreetMap-Mitwirkende, geodressing.de
Fotos: Günter Müller, außer: Hajo Dietz/Nürnberg Luftbild (S. U2), Verlagsarchiv (S. 1–7), Hans Blossey/Alamy Stock Photo (S. 9, 71, 77), Reinhard Matz & Axel Schenk/Dombauhütte Köln (S. 10, 15, 17 u., 18, 19), Andrey Khrobostov/Alamy Stock Photo (S. 12), Mira Unkelbach/Dombauhütte Köln (S. 14), GM Photo Images/Alamy Stock Photo (S. 16), imageBROKER.com GmbH & Co. KG/Alamy Stock Photo (S. 31, 65), Raimond Spekking/CC BY-SA 4.0 (S. 32, 33, 57 u., 72, 75), Stefan Arendt/LVR-ZMB (S. 34), Johann Maria Farina/CC BY-SA 4.0 (S. 35 u.), Dukas Presseagentur GmbH/Alamy Stock Photo (S. 39), Neuwieser/CC BY-SA 2.0 (S. 51), Peter Schickert/Alamy Stock Photo (S. 56), Martin Claßen/Arno Jansen/Rautenstrauch-Joest-Museum (S. 59), Elke Wetzig (S. 61 o.), N. Stabusch/Römisch-Germanisches Museum (S. 61 u.), Chris Franken/Käthe Kollwitz Museum Köln (S. 64), Joern Sackermann/Alamy Stock Photo (S. 68, 69, 84), Wolfang F. Meier/Rheinisches Bildarchiv Köln (S. 74), Detlef Schumacher/MAKK – Museum für Angewandte Kunst Köln (S. 89 o.), Kölnisches Stadtmuseum (S. 92)
Gestaltung: Mareike Bardenhagen/Lehmstedt Verlag
Druck: druckhaus köthen GmbH & Co. KG, Köthen (Anhalt)

Umschlag:
1: Blick zum Dom
2: Kranhäuser am Rhein
3: Heinzelmännchenbrunnen
4: Plastik des Dreigestirns am Gürzenich

1. Auflage, 2024
ISBN 978-3-95797-080-0